아이들의 화면 속에선
무슨 일이 벌어지고 있는가

중독과 저항,
새로운 정체성의 관문

김지윤 지음

아이들의 화면 속에선 무슨 일이 벌어지고 있는가

SIDEWAYS

프롤로그

자유와
기회를 찾아서

새로운 일을 시작했다. 사업자등록증이 나오자마자 메신저를 통해 엄마에게 소식을 전했다. '추카'라는 짧은 답장과 함께 대화는 화기애애하게 마무리됐다. 다행이라고 느꼈다. 조금은 긴장했던 이유가 있다. 2022년 새해, 공동창업자로 일했던 스타트업에서 물러났을 때 엄마는 거의 처음으로, 조심스레 운을 뗐다. "더 늦기 전에 대기업이나 대학원을 가야 하지 않을까?" 하는 권유였다. 대학 때부터 지금까지 거의 12년간 자유롭게 살아온 나를 아시면서도 내심 걱정이 되셨던 모양이다. 자식이 더 나이 들기 전에 안정적인 직업을 갖길 바라는 모정이었다.

그동안 엄마가 반대를 하지 않은 게 대단하다고 느낄 만큼 나는 멋대로 살았다. 성인이 되고서는 대학 강의를 빠졌다. 갑자기 부산에 가서 바다를 보고 오는 식이었다. 전공과 전혀 상관없는 동아리 활동을 이어가다가 기자가 됐다. 당시 같은 과 친구들 중 나와 같은 직종에 취직한 사람은 단 한 명도 없었다. 그마저도 소위 부모님이 들어보신 언론사를 고집하지 않고 뉴미디어 회사에 이직했다. 그러다가 또 덜컥 창업 팀에 합류했다. 사랑하는 사람과 살림 차리고 살고 싶다면서 평생 발 붙여 온 서울을 떠나 충청도에 정착했다. 한국인 부모라면 불안할 법한 행보다.

이처럼 자유롭게 일하며 살 수 있었던 근간에는 인터넷이 있었다고 생각한다. 처음부터 사무실이 아니라 그 바깥에서 사람들을 만나 이야기를 듣는 직업을 택했다. 온라인이기만 하다면 어디서든 일할 수 있는 라이프스타일을 지향했다. 지하철 벤치, 행사장 바닥, 강릉, 제주도, 대만, 미국 등등 공간과 시간의 제약이 덜했다. 그러다 보니 서울을 벗어나 살겠다는 겁 없는(?) 도전을 할 수 있었다. 직장인으로 복귀하지 않고 1인 사업자에 도전하는 결정적인 계기도 비슷했다. 온라인으로 내가 하는 일을 알리고, 기회를 찾고, 조언을 구하며 성취하는 데 이제는 익숙해졌다.

이러한 나의 일상을 누군가는 그런가 보다 할 수도 있겠다. 하지만 불과 십수 년 전까지만 해도 지금 내가 영위하는 생활을 상상조차 할 수 없었을 것이다. 과거에 부모님들이 어떻게 사회생활을 했는지 떠올려 봐도 그렇다. 어디서든 일하는 것도, 혼자 창업하는 것도 녹록지 않았다. 이제는 개발자가 아니라도 간단한 온라인 서비스를 만들 수 있도록 도와주는 소프트웨어 시장이 60조에 이른다는 관측이 나온다. 그만큼 1인 창업 사례가 늘었다. 꼭 IT 창업이 아니라도 인터넷으로 할 수 있는 일이 많아졌다. 불가능했던 삶의 양식이 화면의 발전에 힘입어 실현됐다고 볼 수 있다.

그래서 온라인 120퍼센트로 살아가는 내 삶이 누군가에게는 소중한, 그토록 살고 싶었던 내일이라고 믿는다. 아빠는 '조아라' 같은 웹소설 플랫폼에 소설을 쓰는 소소한 취미를 갖고 있었다. 사실 소소하다고 하기엔 꽤나 본격적이었다. 본인이 좋아하는 SF 장르에 걸맞게 다양한 종족과 행성을 설정하는 세계관 작업에 열을 올렸다. 그림을 잘 그리는 언니(첫째 딸)에게 본인의 세계관 설정에 맞는 그림을 그려달라고 주문하기도 했다. 실제로 200화 가까이 소설을 써 웹사이트에 연재했고, '좋아요'를 2만 개 받았다. 다음 글을 기다린다는 댓글이 연재 시작 10년 뒤에도 올라왔다.

그만큼 아빠는 글쓰기를 사랑했고 잘했다. 하지만 그걸로 번듯한 직업을 갖긴 어려웠다. PC통신이 발달한 이래 누구나 소설가로 두각을 드러낼 순 있었지만, '웹소설 작가'라는 직업군은 코로나19 이후에나 본격적으로 회자됐을 따름이다. 2006년 무렵에는 아무리 열심히 웹소설을 연재하더라도 여전히 글쓰기는 유난스러운 특기, 그 이상을 넘어설 수 없었다. 개중에는 혜성처럼 소설가로 등단하거나 대중적인 인기를 구가하며 작가로 이름을 알린 사람들이 있었을 테지만, 평범한 가장이 스스로 작품을 알리며 평판을 세우기란, 그리하여 돈을 벌기란 여간 어렵지 않은 시절이었다.

나이가 들어 돌이켜 보니 나조차도 아쉬움이 들었다. 비록 아빠의 글이 대중적이긴 어려웠더라도 마니아층을 확보할 순 있지 않았을까. 아빠가 열의를 갖고 할 만한 일이 오프라인보다 온라인에 더 많았던 게 아닐까. 웹소설을 쓰며 행복해하는 아빠에게 더 많은, 다양한 기회가 주어졌더라면 무어든 더 시도해 보고 미련을 버릴 수 있지 않았을까 싶었다. 열아홉 살의 마지막 겨울에 아빠와 손을 맞잡고 학교 운동장을 걸을 때, 아빠가 본인의 작품에 대해 이야기하던 장면이 떠오른다. 소설의 설정을 어떻게 가다듬을지, 어떤 방향으로 시리즈를 이어갈지 말하는 그의 눈동자는 까맣게 빛나고 있었다.

당시 아빠는 말기 암 환자였다. 근육과 살이 상당 부분 소실됐다. 뼈가 드러난 몸으로 2층에 있는 집에 올라가는 것조차 버거워했다. 까매진 얼굴에는 무기력함이 어른거렸다. 그런 아빠가 웹소설을 어떻게 다시 시작할지 고민하며 '미래'를 상상하던 모습이 지금도 잊히지 않는다. 그때 알았다. 죽음을 앞두고도 사람은 꿈을 꾼다는 걸. 아무리 글이 별로다, 설정이 틀렸다고 악플이 달려도, 머리를 쥐어뜯으며 화면 앞에 선대도 결국 본인이 원하는 길을 갈 때 인간에게는 생기가 돌았다.

장례식을 마치고 대학 캠퍼스로 돌아왔을 때 더는 세상이 전과 같지 않았다. 내일 죽을 수도 있는 인생, 후회 없이 살아야 한다고 다짐했다. 처음에는 방황하느라 바빴다. 아무것도 하기 싫었고, 누구의 뜻에도 응하지 않았다. 그러다가 점차 마음이 가는 대로 지냈다. 조악한 다큐멘터리를 만들기도 하다가, 학생 기자로 콘텐츠 업계에 입문했다. 그러다 '디지털 콘텐츠'를 만드는 업을 선택했다. 자유로이 돌아다니며 세상을 배우고 사람을 알아가는 기쁨을 얻었다. 내 콘텐츠가 인터넷에 널리 퍼지고, 그걸로 월급을 받고, 심지어 창업을 했다. 내 맘대로 온라인에서 살아왔다.

어느 정도 자리를 잡으니 과거를 돌아볼 마음의 여유가 생겼다. '후회 없이 살자'라는 모토로 지금까지 달려왔는데, 그 여정을 '화면' 없이 논할 수 없다는 걸 깨달았다. 아빠가 마음에 품고만 있던 꿈을 실현해 볼 수 있었던 그 화면. 그의 바람이 조금이나마 이뤄졌던 화면이 내게도 자유와 기회를 줬다. 다만 차이점도 있었다. 시간이 흘러 화면 속 세상은 훨씬 풍성해졌다. 우리는 둘 다 웹사이트에 글을 올려 화면 너머의 사람들에게서 반응을 끌어냈지만, 훗날 이를 직업으로, 혹은 사업으로 삼기 수월했던 쪽은 나였다. 그만큼 인터넷은 복잡다단한 '삶' 그 자체로 지금 사람들 가까이에 자리매김했다.

그래서일까. '웹소설 시장이 n퍼센트 커졌다' '세계관 마케팅이 뜬다' '웹툰 작가 처우 개선이 시급하다' 등등 유관한 주제의 기사를 볼 때 종종 아빠를 생각했다. 아빠의 작품이 지금 공개됐더라면 어떻게든 승산이 있지 않았을까. 온라인으로 이력을 쌓아 새로운 벌이를 마련할 수 있지 않았을까. 부질없는 상상의 나래를 펼쳤다. 어렸을 때는 단지 그를 원망하거나 그리워했다면, 내 나이가 아빠의 마지막 나이에 가까워질수록 훨씬 구체적인 슬픔이 예비돼 있었다. 그의 중년과 나의 중년은 닮은 듯 다른 궤적을 그리기 시작했다. 확실히 화면 속 세상은 진화했고, 아빠는 그 세상을 보지 못했다.

이 책을 쓰게 된 계기도 이러한 상념에서 비롯되었다. 과거와 현재의 사이에선 단지 기술만 발전한 게 아니었다. 화면 속 세상이, 거기에 얽혀 있는 사람들의 생애가 달라졌다. 과거에 꿈꾸지 못했던 삶의 모습을 지금의 화면에서는 훨씬 입체적으로 구상해 구현할 수 있다. 누군가는 본인이 현실에서 이루지 못했던 바를 온라인을 통해 성취한다. 다른 누군가는 온라인에서 자유롭게 사는 라이프스타일을 구축한다. 예전이었다면 알 수 없었을 정보를, 연결될 수 없었던 사람을 인터넷에서 찾는다. 번역부터 목소리 합성, 이미지 제작까지 AI로 손쉽게 해낸다. 화면의 변화는 거기에 손끝이 닿아 있는 모든 이에게 영향을 미쳤다.

여기엔 빛과 어둠이 공존한다. 화면으로 말미암아 전에 없던 자유와 기회가 주어진 반면, 그만큼 불확실성이 커졌다. 인공지능은 인간의 일자리 지형도를 완전히 바꿔놓을 것이다. 타깃(target, 표적) 광고가 우리 인식의 편향을 야기한다는 비판이 거세졌다. 특히나 고도로 발달된 미디어 환경에 둘러싸인 아이들은 쏟아지는 정보와 자극에 질려 있다. 도대체 아이들의 화면 속에선 무슨 일이 벌어지고 있는가. 이러한 세태를 방조하거나 방관한 어른들, 또 그들이 도처에 깔아둔 플랫폼은 나름의 해법과 지침을 충분히 간구하고 있는가. 혹시 무턱대고 '나중에'를 외치고 있진 않나. 화면의 무게에 비해 화두의 무게는 가볍기만 하다.

나 또한 지금의 상황에 관하여 (화면의 영향력을 보탰다면 보탰지) 결코 제3자라고 부인할 수 없다. 그렇기에 '이대로 괜찮은가'라는 질문을 던지기 두려웠던 것도 사실이다. 그럼에도 끝끝내 '지속가능성'을 묻는 이유는 누구보다 내가 화면 속 세상을 아끼기 때문이다. 온라인 덕분에 지금의 내가 있다. 내 나름대로 삶의 방향을 정하며 좋은 사람들과 의미 있는 시간을 보내는 순간마다 화면이 큰 역할을 했다. 아빠는 끝내 도전해 보지 못한 꿈이 내 세대에 이르러 현실이 됐다. 그에게 넉넉히 주어지지 않았던 자유와 기회가 내게 주어졌음을 감사함으로 맞잡고, 오래 이어가고픈 마음이다.

이런 나의 마음을 아이들로부터 발견한다. 태어났을 때부터 인터넷을 접하는 아이들. 저마다 '내 화면' 한두 개쯤은 가지고 있는 아이들. 그 화면 속에서 더 자주 마주할 수 있는 수많은 아이들의 얼굴에서 나 자신의 삶을 발견하곤 한다. 사람을 만나고, 꿈을 찾고, 재미와 의미를 쫓으면서 한편으로는 기술의 발전을 불안해하는 그들이다. 나와 아이들이 다른 건, 단지 그들의 저변이 좀 더 일찍 오프라인을 넘어 온라인으로 뻗어나갔을 따름이란 것이다. 어쩌면 어른들보다 '온라인 생활'에 정통한 이들이야말로 그 디지털 환경이 지닌 지속가능성의 위기, 그에 대한 의문의 중심에 서 있지 않은가. 기성세대로서 거기에 관심을 기울이고 답할 책임이 있다고 생각한다.

나 또한 나이를 먹었다. 자식 계획을 세우는 시기에 접어들었다. 아직 내게 오지 않은 아기를 생각하면 곧잘 부모님 얼굴을 새긴다. 그들이 나를 위해 살기 좋은, 올바른 세상을 만들고자 떳떳이 살아왔던 것처럼 나 역시 그래야 하지 않을까. 그렇다면 내 삶의 대부분을 구성하는, 아빠의 소망이 데이터로 남아 있는 화면 속 세상이 내 아이에게도 살기 좋은 곳이 돼야 한다고 믿는다. 이는 곧 우리의 미래, 우리 아이들의 생애를 위한 고민과 다르지 않을 것이다. 인터넷과 모바일, 인공지능을 매일 접하는 세대의 삶을 면밀히 살피고, 그들에게 어떤 삶의 모델과 가능성을 제시할 것인지 우리 모두가 치열하게 논의할 때다.

이러한 고민을 담은 『아이들의 화면 속에선 무슨 일이 벌어지고 있는가』는 총 일곱 개의 챕터로 구성되었다. 책의 첫머리를 여는 1장 「아이들은 화면에 '중독'된 걸까」와 2장 「인공지능 이후의 세상」에서는 지금 젊은 세대가 얼마나 화면에 밀착해 살아가는지 세세하게 짚어본다. 여기서는 그들을 '인터넷 없이 못 산다'고 뭉뚱그려 표현하지 않고, 아이들이 얼마나, 왜, 어떤 방식으로 화면 속 세상에 뿌리를 내리고 있는지를 구체적으로 조망하려 했다. 특히 2장에서는 2023년 이후 빠르게 촉발한 인공지능 이슈에 관해 다룬다. 정확히는, 인공지능을 포함한 디지털 미디어의 발달이 지금 세대의 오늘과 내일에 어떤 영향을 미치는지 다각도로 조명해 보았다. 1장과 2장은 지금의 '화면'을 만든 기성세대의 행보가 어떤 결과를 낳았는지 되짚어보는 내용이기도 하다. 여기에는 긍정과 부정의 신호가 복합적으로 얽혀 있다.

책의 3장 「인생은 게임처럼, 게임은 인생처럼」과 4장 「화면은 외로움을 조장하는가」는 아이들의 화면을 위한 변호에 가깝다. 이 두 챕터에서는 아이들의 일상이 된 게임과 온라인 속 인간관계가 얼마나 중요해졌는지 알아본다. 많은 기성세대의 편견과 달리, '게임은 더는 게임이 아니다.' 게임이 지금 아이들의 삶과 사고방식에 미치는 영향력은 실로 전방위적이다. 거기에 더하여 네트워크를 통해 형성된 커뮤니티는 우리가 생각지 못한 층위로 다채롭게 진화했다. 나는 여기에서 어른들이 못마땅해하는, 혹은 별 거 아니라고 치부하는 그 화면이 이 세대의 삶에 얼마나 기본적이고도 지대한 요소가 됐는지를 설득하려 한다. 아이들은 단지 화면에 많은 시간을 쏟는 게 아니라 거기서 자신들의 삶을 구축하고 있다. 이에 관한 어른들의 오해가 있다면, 그 오해의 빈틈을 차분한 이해로 채워가야 할 것이다. 나는 그 이해에 두 장을 할애했다.

나아가 5장 「화면에 의존하며 살아도 될까」와 6장 「지속가능성을 위한 저항」에서는 나를 포함한 기성세대를 둘러싼 비판과 반성의 관점을 담고자 했다. 사실 현재의 디지털 미디어 환경이 그리 건강하지 못하다는 점에는 반론의 여지가 없을 것이다. 다만 '불량한' 환경을 내버려두는 어른들의 이해관계와 여러 현실적인 상황에 대한 걱정 어린 시선을 이 두 장의 내용에 포함했다. 나는 불만과 불안을 털어놓는 데서 논의를 그치지 않으려고 노력했다. 여기서는 오늘날 젊은이들이 어떻게 이 생태계의 지속가능성을 지키고자 애쓰는지도 적극적으로 소개한다. 지금 '온라인 디폴트'의 세계에서 살아가는 사람들은 우리가 상상한 것보다 훨씬 고통 받고, 고민하고, 자신의 신념을 진정성 있게 고집하고 있다. 우리가 알아채지 못하는 사이 그들은 이대로는 안 된다고, 삶을 위해 지속가능성을 포기할 수 없다고 나서고 있다. 나는 그들의 목소리를 있는 그대로 담아내려 애썼을 뿐이다.

마지막으로 7장 「나다움을 찾는 N세대를 위하여」에서는, 그렇다면 지금 당장 아이들이, 우리 모두가 이 화면의 패러다임 속에서 어떻게 살아가는 게 좋을지에 대해 이야기한다. 이 장에서 나는 물론 규제와 교육과 인식 개선의 필요성도 강조했지만, 당장 변화무쌍한 삶과 디지털 미디어 환경을 자신의 삶 깊숙이 끌어들인 어린 세대가 어떤 관점과 자세로 이 불확실한 세계를 살아가야 할지를 실천적으로 조망하는 데 중점을 두었다. 즉, 이 7장은 아이들에게, 나 자신에게 어떤 삶을 예비할 것인지 자문하는 파트이기도 하다. 결국 화면 속 세상이 자유와 기회와 혼돈과 위기의 발원지라면, 그럼에도 우리가 거기에 연결돼 있는 자신의 삶을 사랑하고 있다면, 거기서 어떻게 자신을 성장시키며 무사히 살아낼지를 치열하게 고민해야 한다. 나는 이미 자기만의 길을 개척하는 젊은 세대의 증언들을 함께 소개하며 책의 논의를 마무리했다.

나 혼자 마음으로만 담고 있던 생각과 감상을 세상 밖으로 이끌어준 도서출판 사이드웨이의 박성열 편집장님께 감사함을 전한다. 이 책은 오로지, 전적으로 편집장님 덕분에 완성될 수 있었다. 또한 곁에서 원고가 전진과 후퇴를 반복하는 모든 과정을 지켜본 남편 주형과 모든 가족들에게 고맙다고 말하고 싶다. 내가 '미래'라는 시간을 두려워하지 않고 직시할 수 있게 하는, 거의 유일한 동력이 그들에게 있다.

또한 미디어와 기술, 지금 이 사회의 아이들에 대한 지혜를 공유해주신 각양각색의 주변 분들께 감사한다. 여러 사람의 경험과 통찰에 힘입어 아이들의 화면을 이야기하는 이 책이 탄생할 수 있었다. 대학생 시절 과학기술을 '사람의 학문'이라고 가르쳐주신 홍성욱 교수님, 디지털 기술과 세계에 대한 깊은 식견을 매번 아낌없이 나누어주신 정지훈 교수님, 그리고 화면이 아이들에게 배움의 반려자가 될 수 있다는 모범을 보여주고 계신 에누마의 창업자 이수인 대표님까지. 세 분의 추천사가 이 책을 세상에 선보이는 용감함을 더해주었다. 감사함을 전한다.

그리고 마지막으로, 이제는 목소리가 잘 기억나지 않는 아빠에게 이 책을 바친다. 아빠의 온기도, 음성도, 향기도 야속한 세월에 흩어졌다. 그러나 아빠는 나에게 꿈이란 무엇인지를 각인시켜 줬다. 겁쟁이 둘째딸이 용기 있게 책을 쓰고 목소리를 내는 데 그의 눈동자가 8할을 차지한다고 생각한다. 화면 속 세상을 누비며 나는 아빠가 살고 싶었던 내일을 매일 맞이한다. 지금보다 더 나은 세상을 당신의 손주에게 주고 싶다. 이러한 진심이 이 책을 읽는 분들에게도 무사히 전해지길 바란다.

2024년 1월 23일

김지윤

◆ 차례 ◆

3장 인생은 게임처럼, 게임은 인생처럼

4장 화면은 외로움을 조장하는가?

5장 화면에 의존하며 살아도 될까

6장 지속가능성을 위한 저항

7장 나다움을 찾는 N세대를 위하여

1장

아이들은 화면에 '중독'된 걸까

"스마트폰을 부수는 건 나를 부수는 것"

요즘 아이들은 **"스마트폰을 부수는 건 나를 부수는 것"**이라며 분노한다고 한다. 스마트폰을 뺏는다면 자신을 가족으로 인정하지 않는 것이라고까지 받아들인다. 극단적인 사례일까. 정신건강의학과 김현수 전문의의 생각은 다르다. 젊은 세대에게 스마트폰은 더는 통신 도구가 아니라는 게 그의 답이다.[1] 이들에게 스마트폰은 '나의 저장소'다. 내 모든 기록과 관계가 그 안에 있다. 그러니 그걸 가로막을 때 실존적 위기감을 느낀다고 김 전문의는 설명한다. 온라인과의 단절은 곧 나로부터 '나'와의 연결을 단절시키는 것과 다름없기 때문이다.

확실히 인류는 과거에 비해 더 오래, 일찍부터 온라인으로 살아간다. 예컨대 한국인은 일평생 약 34년을 인터넷에서 지낸다. 일주일 중 사흘에 해당하는 시간이다. 이는 세계적인 추세다. 홍콩에선 약 44

년, 브라질에선 41년, 대만에선 33년을 인터넷에 쏟는다. 일본인의 경우 약 11년으로 가장 시간이 적지만, 18세부터 29세 사이의 인스타그램 유저가 앱에서 매달 총 1억 시간을 보내고 있다.[2]

도대체 인터넷에서 어떻게 이처럼 많은 시간을 보낼 수 있을까. 평소 우리의 일상을 돌이켜보면 불가능해 보이진 않는다. 영상 시청, 쇼핑, 소셜미디어와 게임, 그리고 자산 관리와 투자 같은 일들까지 참으로 다양한 활동이 온라인으로 가능하다. 한 설문조사에선 한국인의 44퍼센트가 인터넷 없는 하루를 상상조차 할 수 없다고 답했다.[3] 온라인이 우리에게 한층 자연스러워졌다고, 아니 거의 필수적인 삶의 인프라가 되었다고 할 수 있겠다.

2010년대 전후로 태어난 세대는 그야말로 일평생을 온라인으로 살아간다 해도 과언이 아니다. 2019년 육아정책연구소가 6세 이하 영유아 자녀를 둔 부모 602명을 대상으로 조사한 보고서에 따르면 아이가 처음 스마트 미디어(스마트폰, 태블릿 등)를 사용하는 시기는 만 1세(45.1퍼센트), 만 2세(20.2퍼센트), 만 3세(15.1퍼센트) 순이었다.[4] 2014년 선행 연구 당시에도 스마트 미디어를 경험하는 최초 연령대는 3세가 주를 이뤘다. 한국지능정보사회진흥원의 인터넷이용실태조사에서 3~9세 아동의 인터넷 이용률은 2018년 87.8퍼센트에서 2022년 91.7퍼센트로 증가한 바 있다.[5] 온라인 화면은 이미 아이들 일상에서 빠트릴 수 없는 일부분이 됐다.

청소년이 인터넷에서 보내는 시간도 확연히 늘어났다. 2022년 10대의 하루 평균 인터넷 이용 시간은 모바일과 PC를 합해 479.6분(약 8시간)이었다.[6] 팬데믹 이전이었던 2019년(267.2분)에 비해 약 1.8배

늘어난 수치다. 초등, 중등, 고등학생 순으로 하루 평균 6시간, 8시간, 10시간 내외를 인터넷에 쓴다. 사실상 자는 시간을 제외하고는 온라인에 접속해 있는 것이다. 조사를 진행한 연구팀 또한 "온라인과 오프라인이 대체적 관계라든가 온라인이 오프라인에 대한 보완적 관계라든가 하는 시각도 이젠 타당하지 않다"라고 짚었다.[7] **화면의 경계 없이 인터넷에 연결돼 있는 상태가 젊은층에게 기본값(디폴트, default)으로 자리잡고 있다.**

스마트폰의 출현은 온라인 디폴트(online default)를 앞당겼다. 2012년 조사에서는 50·60대 장년층의 인터넷 이용률까지 뚜렷한 증가세를 보였다.[8] 이 흐름엔 특히 스마트기기 보유율 증가가 주원인으로 지목됐다. 영국 방송통신 기관 오프컴(Ofcom)에 따르면 9~11세 사이에 스마트폰을 갖게 될 확률은 91퍼센트에 달한다.[9] 비교적 저렴한 가격, 자녀와의 연락 문제, 정보 검색 등 저마다의 이유로 '내 화면'이 생긴다. 개발도상국의 사람들은 아예 퍼스널 컴퓨터(PC)보다 스마트폰을 먼저 사용하는 경향을 보인다. 컴퓨터를 '손에 쥐고' 실시간으로 인터넷을 드나든다. 이런 흐름에 힘입어 스마트폰은 역사상 그 어느 IT 도구보다 가장 빠르게 전 세계적으로 정착한(adoption) 기기로 떠올랐다.[10]

특히 Z세대와 알파세대는 어느 세대보다도 인터넷을 일찍부터, 오랜 기간 접한다. Z세대는 1990년대 중반부터 2010년대 초반 사이에 태어난 이들을 가리키고,[11] 알파세대는 2010년대 초반부터 2020년대 중반 사이에 출생한 사람들을 일컫는다.[12] 흔히 이들은 **'인터넷이 없던 세상을 겪어본 적 없는 세대'**라 불린다. 그럴 만하다. 국내에서 인터넷 접속 서비스가 실시된 타이밍은 1993년 전후였다. 아이폰 첫 출시 시점이 2007년이었다. PC와 태블릿, 스마트폰까지 다양한 접점과 맞닿은 채 살아가는 지금은 1990년대, 2000년대의 환경을 쉬이 상상하기 힘들다. 온라인을 빼고 젊은 세대를 이해할 수 있을까. 매분 매초 손쉽게 인터넷에 드나들면서 아이들은 더 빨리, 더 많이 온라인을 장착한다.

N세대가 낳은 N세대

"통신망에서 자라는 아이들."[13] 이 표현 자체는 신선하거나 충격적이지 않다. 1990년대 후반에서 2000년대 초반, 본격적으로 인터넷 서비스가 보급되고 IT 벤처 창업이 선풍적인 인기를 끌었을 때 'N세대'라는 호칭이 등장했다. 미래학자 돈 탭스콧은 1998년에 출간한 『N세대의 무서운 아이들』에서 인터넷과 함께 자라는 당시 10·20세대(77년 이후 출생자)를 '넷 세대'(Net Generation)라고 명명했다.[14] 이들의 소통 수단은 채팅이요, 아바타는 분신이었다. 인터넷 접속을 끊으려 하면, 이 신세대는 "혹시 누군가 급한 메일을 보내면 어쩌나 불안해했다."[15] 또한 이들은 TV보다 컴퓨터를 더 좋아하며, 네트워크를 삶의 터전으로 삼는 것으로 그려졌다.

그때 그 시절 N세대의 모습에서 지금의 젊은 세대가 보인다. 흡사 부모를 닮은 자식 세대가 탄생한 것과 같다. 허나 세대 간에 분명한 차이점이 존재한다. 후대가 더 일찍 온라인을 접했다거나 자기 스마트폰을 소유했다는 정도의 다름이 아니다. 그 시절 N세대로부터 약 20년이 지난 지금의 N세대가 온라인에서 할 수 있는 일상의 범주는 차원을 달리한다. 경우의 수는 채팅, 아바타, 이메일에 국한하지 않는다. 온라인은 오랜 세월에 걸쳐 그 밀도와 빈도를 높이는 방향으로 진화해 왔다.

2011년쯤 IT업계에서 화제를 모은 선언이 있었다. **"소프트웨어가 세상을 집어삼키고 있다(Software is eating the world)."**[16] 앤드리슨 호로위츠(a16z)라는 벤처투자사를 설립한 연쇄 창업가 마크 앤드리슨(Marc Andreessen)은 《월 스트리트 저널(The Wall Street Journal)》의 칼럼을 통해 온라인 화면이 세상을 완전히 바꿔놓는다고 강조했다. 그의 눈에 증거는 차고 넘쳤다. 아마존은 소매점 없이 온라인으로 물건을 사고파는 플랫폼이 됐고, DVD 대여 사업을 하던 넷플릭스는 어디서든 영화나 TV프로그램을 볼 수 있는 온라인 스트리밍 서비스로 각광받는다. 스포티파이 같은 음악 스트리밍 서비스를 빼놓고 음반 산업을 논할 수 없어졌다.

누군가에게는 지금 너무나 당연해진 일상이다. 그러나 2010년대까지만 해도 그게 논쟁거리였다. 비슷한 시점에 한국에서 이런 광고가 나왔다는 걸 떠올려 보자. 2010년쯤 가수 이효리가 출연했던 인터파크의 TV 광고 멘트는 특이했다. "처음에는 모두 믿지 않았죠. 인터넷으로 물건을 산다고? 하지만 곧 익숙해졌어요!"[17] 인터파크가 창립한 시기는 1995년이다. 그 후 약 15년이 흐른 2010년 무렵엔 인터넷 쇼핑이 한결 익숙해졌다. 그럼에도 전자상거래(eCommerce) 자체는 당연하지 않았다. 2010년까진 인터넷으로 물건을 사는 행위가 광고 메시지로 배치될 정도로 도드라졌다. 그 시절 '통신망에서 자란 아이들'이라도 모든 걸 온라인으로 소화하진 않았던 모양이다.

온라인이 세상을 집어삼킨다?

온라인 디폴트의 세계는 천천히 여물었다. 앤드리슨 호로위츠는 2018년 〈시작의 끝(The End of the Beginning)〉이라는 유튜브 영상을 공개했다.[18] 이 발표에 따르면 스마트폰의 글로벌 침투율은 과반을 넘어 75퍼센트를 향했다. 인터넷의 그것과 맞먹는 수준이었다. 대다수 사람들이 분 단위로 온라인에 접속했다. 그러나 영상에선 그것만으론 '소프트웨어가 세상을 집어삼켰다'고 주장하기에 부족하다는 논리가 펼쳐졌다. 사람들은 많은 시간을 통신망에서 보내면서도 모든 걸 온라인에서 처리하지 않았다. 그럴 수도 없었다. 앞서 언급한 이커머스의 경우 오프라인 소매점에 비하면 전체 소매 시장의 극히 일부에 지나지 않는다. 또 헬스케어, 부동산 산업 등 디지털에 인색한 분야를 어렵지 않게 찾을 수 있다.

그래서 발표를 맡은 애널리스트 베네딕트 에번스는 강연에 **'시작의 끝(The End of the Beginning)'**이라는 제목을 붙였다. 사람들이 네트워크에 연결돼 있는 단계를 넘어 돈이 온라인에서 흐르는 '2막'을 앞두고 있다는 분석이었다. 뒤집어 말하자면, 온라인 세계가 모든 세상을 집어삼키려는 서막은 수십 년에 걸쳐 그제야 마무리 단계에 접어들었다는 의미였다. 코로나19 이후 사람들이 화상수업, QR코드 활용,

배달 앱, 인터넷 방송 등에 급격히 친숙해졌던 걸 돌이켜보면 더더욱 우리 모두가 **'시작의 끝'**이자 **'새로운 시작'의 문턱**에 서 있었음을 실감할 수 있다.

시작의 끝 이후 불과 5~6년이 흘렀다. 인터넷은 안 되는 것 빼고 웬만한 걸 다 할 수 있는 곳으로 거듭났다. 단지 시간만 보내다 나오는 걸 넘어섰다. 앞서 언급한 여러 소일거리(영상 시청, 온라인 쇼핑, 게임, 온라인뱅킹 등)가 아니라도 다른 예시가 넘쳐난다. 예컨대 간편결제를 생각해 보자. 2022년 상반기에 국내 간편결제 서비스 하루 평균 이용 금액이 7000억 원을 넘어섰다.[19] 전문가들은 2015년 전체 소매시장에서 7.4퍼센트를 점유하는 이커머스 시장이 2026년 3.5배 성장해 전체의 4분의 1 이상을 차지할 것으로 전망한다.[20] 인터넷 전문은행의 총자산 규모는 92조 원으로 꾸준히 증가하고 있다.[21] 그뿐 아니다. 의료,[22] 물류,[23] 국방[24] 등이 디지털 화면과 결합하는 추세다. 이전까지는 온라인과 무관해 보였던 분야까지 서서히 온라인 세상에 포섭되는 중이다.

디지털 생태계 전반을 조망하는 컨설팅 업체 IDC(International Data Corporation)의 2012년 보고서에 따르면 해마다 생산, 복제, 소비되는 디지털 데이터의 양 또한 어마어마하게 급증한다. 2005년 무렵 130엑사바이트(10^{18} 바이트)로 추정했던 수치는 2010년 1227엑사바이트까지 늘어났다.[25] 이후 2020년에는 4만 엑사바이트의 기록이 생성되거나 오갈 것으로 전망했다. 다른 조사기관에서는 전 세계에서 생산, 복제, 소비되는 정보 데이터의 총량이 2015년 15.5제타바이트(10^{21}바이트)에서 10년 뒤 181제타바이트로 12배가량 폭증한다고 내다봤다.[26] 인터넷에서 우리가 보내는 시간이, 그 경험의 규모와 무게가 그만큼 커졌다는 뜻이다. **아이들의 화면 속 온라인 세상은 질적으로나 양적으로나 급격히 팽창하고 있다.**

이처럼 온라인 디폴트라는 변화는 장기간에 걸쳐 이뤄졌다. 그러니 세대마다 이를 체감하는 강도는 다를 수밖에 없다. 아날로그 세상에서 대부분의 일생을 보낸 세대, 아날로그와 디지털의 교차를 목격했던 세대, 그리고 각종 화면을 통해 인터넷을 공기처럼 들이마시는 세대의 세계관이 같을 리 만무하다. 똑같이 통신망에서 자랐다 해도 언제부터, 무엇을, 어떻게 온라인으로 해왔는지에 따라 세대는 구분될 수 있다. 아이들의 세상과 앞으로의 사회를 헤아리는 데서 '온라인 디폴트'를 이해하는 게 중요한 이유다.

화면이 실제 삶보다 중요하다면

이런 흐름이 여전히 와 닿지 않을 수 있다. 어쨌든 화면보다는 바깥 세상, '진짜 삶'이 더 중요하지 않은가? 이러한 반문도 가능할 것이다. 허나 요즘 애들은 영 이해가 안 간다고 돌아서기 전에 한 걸음 더 아이들의 화면 속으로 들어가보자. 이제는 소위 **'호모 스마트포니쿠스'**라는 표현까지 생긴 세상이다.[27] 온라인을 제 몸처럼 쓰는 세태를 고스란히 반영한 문장이다. 예쁜 카페에 가서 (꽤나 신경 써 여러 장 찍었지만) 무심한 듯 인증 사진을 올리는 것, 다른 건 괜찮아도 내 게임 레벨을 비웃는 건 용서할 수 없는 것, 모르는 사람끼리 댓글로 정보를 교환하고 설전을 주고받는 것. 아무리 PC통신을 경험한 부모세대라도 "현실에 더 중요한 일들"을 제쳐놓고 화면에 몰두하는 아이들을 인내하긴 쉽지 않다. 가히 **세계관의 충돌**이라 할 만하다.

내가 겪었던 흥미로운 일화를 소개하려 한다. 2022년, 첫 결혼기념일이었다. 기념사진을 남기기로 했다. 부부가 늙어가는 모습을 자연스레 남기고 싶었다. 단정하게 옷을 맞춰 입고 스튜디오를 찾았다. 여러 컷의 사진을 찍은 뒤 몇 주가 지났다. 사진 보정본을 확인하러 오라는 연락이 왔다. 사진관에 도착해 화면으로 마주한 우리의 첫 결혼기념일 사진은 한눈에 보기에도 매끈했다. 적당히 커다란 눈, 정돈된 눈매와 뒤통수, 어깨 높낮이 조절까지 흠잡을 데 없이 가지런했다. 포토숍 담당자의 노련함을 엿볼 수 있었다. 분명 한 두 번 해본 솜씨가 아니었다.

그래서 더더욱 부탁할 수밖에 없었다. "보정 풀어주세요." 화면 속 내 모습은 아무리 봐도 현실의 그것과 거리가 멀었다. 예뻐 보이는 걸 마다할 사람은 없다만, 이질감이 들었다. 애당초 결혼기념일 기념사진의 주목적은 '기록'이었다. 그러니 화면 속 내 얼굴, 몸매를 굳이 그렇게까지 수정할 이유가 없었다. 허나 포토그래퍼가 나서서 나를 말렸다. "요즘 이 정도 보정은 다 하세요. 안 하는 게 더 이상해요." 생각보다 완강한 거절이었다. 보정을 풀어달라는 요청이 무안해질 만큼 단호했다. 결국 전문가의 의견을 순순히 따랐다.

AI 프로필 사진의 유행을 지켜보며 나의 첫 결혼기념일 사진을 상기했다. AI 프로필 사진이란 앱에 자신의 셀카 이미지를 여러 장 업로드하면 인공지능이 얼굴을 다양한 사진으로 만들어내는 서비스를 가리킨다. 2023년 여름 한창 유행했던 '미국 졸업사진 스타일의 AI 프로필 사진'이 여기에 해당한다. 대표적인 사진 앱인 스노우는 당시 이 기능을 유료로 론칭해 두 달 만에 150억 원을 벌어들였다.[28] AI 이미지 출력을 1시간 안에 받으려면 6600원, 하루 안에 받으려면 3300원이라는 걸 고려했을 때 이 기능을 쓴 사람들이 얼마나 많았는지 가늠할 수 있다.

놀라운 건 유저의 이용 양태다. AI 프로필 기능을 써본 후 사람들은 놀랐다. 아무리 AI가 멋들어지게 보정을 해준다지만, 사진 속의 이미지는 너무 자신이 아니었던 것이다! 그래서 서로 꿀팁을 공유하기에 이르렀다. 보정한 셀카가 아니라 완전히 민낯으로 여러 각도에서 셀카를 찍어 올려야 비로소 본인에 가까운 결과물이 나온다는 후기가 이어졌다. 이윽고 사용자들은 AI로 뽑아낸 자신의 가상 프로필 사진을 주민등록증, 여권, 이력서 사진 등에 접목하기 시작했다.[29] 결국 행정안전부에서 "본인 확인이 어려운 사진은 사용할 수 없다"라는 공식 입장까지 내놓으며 사태는 그나마 소강상태에 접어들었다.[30]

어쩌면 화면 속 얼굴은 실제 얼굴만큼, 혹은 **그보다 더 중요한** 신체 부위로 등극한 게 아닐까. 처음에는 별 거 아닌, 재밌는 기능에 불과했을 온라인 놀이가 우리의 인식, 행동양식을 바꿨다. 종국에는 기존 질서와의 마찰을 가져왔다. 기술이 발전하고, 도구가 주어지고, 쓰임새가 생기고부터 그릇의 모양이 달라졌는지 모른다. 하루아침에 온 변화가 아니다. "어떻게 AI 프로필 사진을 민증 사진으로 쓰냐?"라고 물었다간 "포토샵한 사진도 쓰는데…"라는 볼멘소리를 마주할 가능성이 크다. "철 좀 들라" 하는 어른들의 잔소리가 무색하도록 온라인은 우리의 기본적인 발상과 일상을 뒤바꿔 놓았다.

"'보정'을 법으로 규제하라"

관련 통계는 거짓말을 하지 않았다. 한 연구에 따르면 10대 소녀 중 80퍼센트가 소셜미디어 속 인플루언서와 자신의 외모를 비교한다고 밝혔다.[31] 완벽한 모습이 담긴 사진 한 장을 건지기 위해 이들은 평균 14컷 이상 셀카를 찍는다.[32] 사진 보정 없이는 자신의 외모가 충분하지 않다고 생각하는 응답자 비율은 약 20퍼센트에 이르렀다.[33] 젊은 환자들 가운데 셀카 사진과 코 성형 수요 증가의 상관관계가 있다는 연구결과도 존재한다.[34]

2018년에는 아예 **'스냅챗 이형증'**이라는 신조어가 생겼다.[35] 신체이형증(Body Dysmorphic Disorder)에서 유래한 단어다. 신체이형증은 실재와 무관하게 자신의 외모에 심각한 결함이 있다고 인식하는 장애다. '스냅챗(Snapchat)'은 게시물을 다른 유저가 확인하면 24시간 이후 그 게시물이 사라지는 인스턴트 시스템으로 유명한 소셜미디어이며, 특히 영미권 15~25세가 애용한다.[36] 그러니 스냅챗 이형증은 '소셜미디어 필터로 보정된 자신의 모습과 실제 모습 사이에 괴리에 불만족을 느껴 전자에 집착하는 현상'을 가리킨다고 이해할 수 있다.[37]

이 단어는 어떻게 탄생했을까? 몇 년 전 영국의 한 성형외과 의사가 이상한 낌새를 눈치챘다. 과거 그의 병원을 방문하는 고객들은 자신이 닮고 싶은 유명인의 사진을 들고 왔다. 하지만 어느 때부턴가 보정된 셀카 사진을 가져오는 경우가 늘어났다. 주로 스냅챗이나 인스타그램 필터로 보정된 본인의 얼굴처럼 성형을 원하는 경우였다. 의사는 빡빡한 미의 기준과 욕망이 브라운관 속 연예인의 외모에서 저마다 들고 있는 스마트폰 화면 속, **온라인상에만 존재하는 외모**로 옮겨갔다고 판단했다. 그는 스냅챗 이형증이라는 신조어를 생각해 냈다.[38]

이러한 경향을 의식한 듯 프랑스에서 새로운 법안이 발의됐다.[39] 인플루언서가 소셜미디어에 올린 사진에 필터를 입히거나 후보정을 했을 시 이를 명시하지 않을 경우 최대 2년 징역형과 30만 유로의 벌금형에 처한다는 것이 골자다. 이 법안을 제안했던 브뤼노 르 메르 프랑스 총리는 "무관용 원칙"까지 언급했다. 그는 이런 사진들이 온라인 유저들에 끼치는 "심리적으로 파괴적인 부작용을 제한하기 위함"이라고 밝혔다. 노르웨이에서는 2021년에, 영국에서는 2022년에 비슷한 법안이 발의된 바 있다.[40] 소셜미디어에 사진을 게재할 때 신체 일부를 보정했을 경우 이를 명기해야 한다는 내용이었다.

리터치한 사진에 '보정했음'이라는 라벨을 붙였을 때 부정적인 영향을 얼마나 줄일 수 있을지는 미지수다. 다만 한 가지 확실한 것은 있다. **누구나 거의 매 순간 미디어를 접하는 온라인 디폴트 시대에, 화면의 영향력은 더 이상 화면 안에만 머무르지 않는다는 것**이다. 사람들은 화면을 통해서 타인을 접하고, 세상을 파악하고, 자신을 재구성한다. 어렸을 때부터 온라인을 마주하는 세대는 누구보다 이러한 미디어 경험에 밀접하게 연관돼 있다. 포토숍과 소셜미디어, AI 프로필 사진을 거쳐온 사진 보정의 역사는 빙산의 일각에 불과하다.

가짜 이름이 '내 이름'이 될 때

겨우 소셜미디어 필터에서 비롯된 일련의 상황은 너무 큰 '겨우'가 돼버렸다. 국경을 뛰어넘는 사회적 현상을 만들고, 많은 나라들은 관련법을 제정하기에 이르렀다. 그만큼 온라인이 기록과 관계의 집합소 역할을 하는 까닭이다. 시간을 많이 보낼수록, 온라인에 더 많은 기록과 관계와 생활 패턴을 쌓을수록 화면은 가치를 머금는다. 그러니 더 일찍부터, 더 오래도록, 더 다양하게 온라인으로 살아가는 Z세대와 알파세대에게 화면은 **'중요한 것' 이상의 필수재**가 됐다고 볼 수 있다.

차라리 가치의 전후 관계가 일정 부분 뒤바뀌었다고 보는 게 타당하지 않을까. 이제 아이들 사이에선 진짜 내 얼굴이 어떻게 생겼는지 여부보다 화면에 담긴 내 외모가 어떻게 보이느냐가 중요하게 받아들여진다. 미국에서는 온라인으로 커플이 탄생하는 비율이 식당이나 바에서, 친구의 소개를 통해, 일터나 학교에서 연인으로 발전하는 경우를 뛰어넘었다.[41] 본인의 이력서를 온라인에 게재하거나 아예 웹페이지처럼 구축하는 사례는 이제 우리 주위에서 드물지 않게 찾아볼 수 있다.[42] 여기서 나아가 삶의 중요한 것들이 빠짐없이 디지털화된다면 어떤 삶이 펼쳐질지 상상하게 된다. 온라인은 기본값을 넘어 우리 생의 여러 가치를 독차지할 것이다.

이러한 주장을 마냥 허황하다고 치부할 수 있나. 구독자 25만 명을 보유한 IT 뉴스레터 운영자 숀 퓨리(Shaan Puri)는 이 같은 변화를 '메타버스(Metaverse)'라고 칭했다.[43] 보통 메타버스는 3D 공간, 아바타로 대변되지만, 숀 퓨리는 전혀 다른 주장을 펼쳤다. 사람들이 온라인에 얼마나 시간을 쓰고 마음을 두는지 여부가 메타버스를 결정한다는 내용이었다. 온라인의 비중이 내 일상과 우선순위에서 점진적으로 늘어나다가, **마침내 온라인이 오프라인을 맞먹거나 앞지르는 분기점**이 곧 메타버스라는 뜻이다. 숀 퓨리는 과거의 넷세대와 지금의 넷세대를 나누는 기준 또한 단순한 인터넷 이용시간의 요소를 뛰어넘어 **'온라인의 존재감'** 그 자체라고 해석한다.

예시를 들어보자. 몇 년 전까지만 해도 디지털 정체성이라 부를 만한 것은 아이디(ID, identity 또는 identification)가 전부였다. 어느 웹사이트에서나 비슷한 ID로 가입한다. 설령 내가 자주 쓰는 ID로 가입할 수 없다 해도, 그걸 못 쓴다 하더라도 그저 불편할 뿐이었다. 그러나 오늘날 디지털 정체성은 훨씬 복합적인 개념으로 발전했다. ID는 로그인을 하는 수단에 국한되지 않는다. 내 ID로 접속하는 순간 유튜브, 인스타그램, X(구 트위터), 블로그, 틱톡 등 여러 소셜 채널에 일관적으로 존재하는 '나'에 대한 접근 권한이 주어지기 때문이다. 대외적으로 내가 어떻게 보이는지, 어떻게 말하는지 결정할 수 있는 권한이 로그인 정보에 깃들어 있다. 유명인의 경우 "사칭 계정과 달리 진짜 내 소셜미디어 아이디는 이것"이라는 상세한 공지가 올라올 정도로 온라인은 디지털 브랜드의 시발점이 됐다.

브랜드는 동일한 아이디를 쓰는 것만으로 성립하지 않는다. 어디서든 '그 아이덴티티'로 눈에 띄려는 의도를 가져야 한다. 게임 제작사 포티스게임스(Fortis Games)의 최고운영책임자(COO) 숀 파우스트(Shawn Foust)는 **"젊은 세대는 소셜미디어에서 '어떤 이름'을 구축하는 걸**

중요하게 여긴다"라고 짚었다.[44] 브랜드 가치가 올라갈수록 온라인의 내가 중요해진다. 내 디지털 버전이라 볼 수 있는 아바타가 자랑거리가 되기도 한다. 온라인에서 자신의 프로필 사진을 누군가 도용하는 걸 용납할 수 없다. 가상의 프로그램 속에서 누군가의 이름이 경쟁력이자 또 다른 현실로 뿌리내린다. 이는 곧 **"가명이 본명이 되는 일"**이라 할 수 있다.

온라인의 숫자와 오프라인의 숫자

고등학교 교사로 일하는 지인 C로부터 비슷한 에피소드를 전해들은 적이 있었다. C는 인플루언서로 활동하는 학생들이 종종 교사를 무시한다고 푸념했다. 그들은 소셜미디어에 수천 명의 팔로워를 보유한 아이들이었다. 학교에서 선생님이 훈계라도 하면("쓰레기는 쓰레기통에 넣으렴.") 냉랭한 반응을 보인다고 한다. C는 씁쓸하게 웃었다. "자기 돈 번다, 사람들이 알아준다…. 그런 심리겠죠." 그들의 사례에서 지금의 N세대가 **온라인 속 자신의 명성을 오프라인에도 그대로 투영하는 심리**를 엿볼 수 있다. 설령 상대방이 그걸 체감하지 못해도 아랑곳하지 않을 만큼 그 데이터를 중시하는 모습이다. 옳고 그름을 떠나, 분명 세대 간에 확연한 온도 차가 느껴진다.

유명 TV 프로그램 〈유퀴즈 온 더 블록〉에는 한 중학생이 출연해 이목을 끌었다.[45] 그는 소위 '초전도체좌'로 통했다. 틱톡에서 유행하던 '슬릭백 챌린지'를 따라 한 영상으로 일주일도 안 돼 조회 수 2억

뷰를 돌파한 장본인이다. 슬릭백 챌린지는 미국의 힙합 아티스트이자 DJ인 LAKIM의 〈A Pimp Named Slickback〉이라는 곡에 맞춰 마치 공중부양하는 듯한 발놀림을 보여주는 유행이다. 온라인에서 글로벌하게 바이럴을 탄 이 챌린지를 한국의 한 중학생이 시도해 세계적으로 스포트라이트를 받았고, 결국 TV 프로그램에 섭외됐다. 국밥 먹다 찍은 온라인 영상으로 화면 밖에까지 이름을 알린 셈이다.[46]

이런 현상들을 어떻게 바라봐야 할까. 물론 다양한 측면의 명암과 고민의 지점이 존재하겠지만, 이러한 흐름을 **"숫자가 늘어났다"**라고 해석하면 어떨까. 지금까지 우리 인생에서 나를 평가하는 '사회적인 숫자'는 얼추 정해져 있었다. 예컨대 학생 때는 시험 성적, 그에 따른 등급이 가장 유력한 숫자였다. 하지만 온라인이 끼어들며 사정이 달라졌다. 우리가 온라인에 남긴 기록은 때로 그냥 흔적이 아니라 특정 지표로 측정된다. 개발자들이 개발자 커뮤니티 플랫폼 '깃허브(GitHub)'에 어떤 기록을 얼마나 커밋(commit, 게재)했는지, 내 블로그 일일 방문자 수가 몇인지, 어떤 카테고리의 채널로 분류됐으며 그 실시간 순위는 어떠한지 등 화면은 전에 없던 셈법을 제공하기 시작했다.

그 숫자가 트로피처럼 드러난다. 아이들의 시간은 새로운 방식으로 티가 난다. '리그 오브 레전드'라는 게임을 두고 매년 전 세계 프로게이머 선수들이 겨루는 '롤드컵' 결승전 조회 수, 영상에 달린 댓글 수, '좋아요'를 가장 많이 받거나 상단에 고정된 댓글은 전례 없는 기록을 제시한다. 자신에게 필요하거나 자신이 궁금한 것을 검색하다가 화면 너머 누군가의 팔로워 수에 1을 더해주면서 아이들의 시간은 온라인에 접붙여진다. 한 번도 본 적 없는 모르는 사람과 함께 영상 스트리밍 플랫폼 '트위치(Twitch)'의 한국 철수를 슬퍼할 수 있다. **부모님보다 알고리즘, 스트리머가 내 아이를 더 잘 안다는 농담은 진실에 가까워졌다.** 화면 속 숫자는 지금 N세대가 직간접적으로 다른 가치 체계를 세워가는 데 일조하고 있다.

통계청에서 발행한 『2022 국민 삶의 질』 보고서에 따르면 아이들은 초등학교 고학년일수록 '디지털 공간'을 자기 행복의 근간으로 보는 경향이 있었다.[47] 그들은 화면 속에서 인간관계를 맺을 뿐만 아니라 거기서 자신의 여가시간을 보내는 것도 중시한다. 이는 대학생, 사회진출 후기청소년(청년)에까지 공통적으로 나타난다. 그들은 '나를 행복하게 만드는 것'에 대한 마인드맵을 그릴 때도, 보고서 작성자들과의 심층 면접에서도 공히 '온라인 화면'을 언급한다. 나, 친구, 가족, 학교, 장난감, 여행, 노래방 등의 키워드와 함께 컴퓨터, 게임, 유튜브, 넷플릭스, 쉬는 시간에 노래 듣기, 온라인 커뮤니티, 뮤직비디오 등이 이들의 행복 요인으로 손꼽혔다.

보고서에는 흥미로운 인포그래픽이 첨부돼 있었다. '한국 아동·청소년 삶의 질' 프레임워크를 도식화한 내용이었다. 그림에서는 참가자 자신을 중심으로 가족, 지역사회, 거시사회가 둘러싸고 있다. 어린 세대의 삶의 질은 어른들의 그것과 크게 다르지 않았다. 다만 눈에 띄는 차이가 있었다. 디지털 공간의 영역이 추가로 표기돼 있다. 그 위치가 의미심장했다. 디지털 공간은 한곳에 쏠려 있지도, 여러 구성요소 중 하나에 국한하지도 않는다. 청소년 본인, 가족, 지역사회, 거시사회 등 생태체계 모두에 걸쳐 있는 '기반'으로 설정돼 있다. 결국 온라인은 오프라인과 분리돼 있지도, 다투지도 않는다. **화면은 한 사람의 우선순위를 그대로 흡수해 온통 그 사람을 에워싸는 '환경'이 됐다.**

화면 속에서 '삶'을 찾는 사람들

"내 모든 기록과 관계가 그 안에 있다"라는 문장에서 반 보 나아가 보려 한다. 이제는 온라인에 기록과 관계만 있는 게 아니다. 자신의 생활 전반이 화면 속 세상에 깊게 뿌리내리고 있다. PC통신이 N세대의 시발점이었다면 스마트폰은 말 그대로 온라인에서 살아가는 라이프스타일을 정착시켰다. 처음부터 온라인 디폴트로 살아온 입장에서 온라인 화면은 아예 없는 걸 상상하기 어려운, 일종의 환경이 돼버렸다. 그래서 젊은 세대에게 무턱대고 '○○○ 중독'이라 일갈하기 어렵다. 아이들에게 화면이 그저 유희의 수단이 아니라 삶의 기본값이 됐다면 그들이 '삶에 중독됐다'라고 단언할 수 있을까.

온라인으로 살아가는 젊은 세대는 크게 네 가지 유형으로 나눠볼 수 있다. 시민, 유대감 탐색, 지위 추구, 자유주의자 유형이 그것이다. 저마다 조금은 다른 빛깔로, 화면의 경계에 서서 라이프스타일을 체화한 N세대 사례다. 노키아의 〈Z세대와 메타버스〉라는 보고서는 영국, 미국, 한국, 브라질, 아랍에미리트에서 16~25세 사이 젊은층 응답자를 대상으로 조사를 진행했다. 주제는 '무엇이 Z세대를 온라인으로 이끄는가'였다. 당연히 가장 일반적인 타입은 **'시민(Citizens)' 유형**이었다.[48] 이들은 덜 기술 친화적이다. 현생에서 친구를 만나고 인간관계를 맺는 걸 더 좋아하는 편이다. 그럼에도 이 유형조차 온라인 디폴트를 자연스레 받아들이고 있었다.

"종종 밖에 나가고 싶지 않을 때 메타버스하는 게 더 자유롭죠." 한 미국인(17세) 응답자는 온라인 화면이 '제2의 고향(second home)'이자 그리로 가는 '관문(gateway)'이라고 설명했다.[49] 가끔은 직접 사람들을 만나는 것보다 화면에서 만나는 게 새롭고 자유로워서 좋다는 것이다. 같이 시간을 보낸다는 건 동일해도 온라인에서는 전혀 다른 경험을 나눌 수 있다. 이들에게 시내에서 만나 노는 것과 게임에서 만나 노는 건 다른 일이지, 우열의 문제가 아니었다. 시민 유형은 물리적인 제약이 없는 공간에서 현실세계 친구들을 만나기 위해서도 온라인에 시간을 쓰고 있었다.

'유대감 탐색(Solidarity-Searchers)' 유형은 시민 유형과 비슷한 듯싶지만, 더 적극적으로 화면을 활용한다. 떠들썩한 것보다 소수의 친구를 사귀는 걸 선호하는, 혹은 실제 사회생활에 지쳐서 온라인에서 제2의 모습으로 활동하는 경우가 이에 해당한다. 일례로, 영국계 응답자(23세)는 화면 속 세상에서 마음 맞는 친구들을 만나 더 활발하게 시간을 보낸다고 답했다.[50] 온라인이라는 점 외에 여느 친구 사이와 다름없다고 덧붙였다. 어디서든 친구를 사귈 수 있다는 시각이었다. 한국인 응답자(25세)도 "현실 친구 저마다 기호가 있기 때문에" 꼭 같은 게임을 하거나 온라인 서비스를 이용하진 않는다고, 그래서 화면 속 현실에서 친구를 따로 사귀게 된다고 말했다.[51]

화면을 통해 '기회'를 보는 세대

온라인이 '관계'에만 방점을 뒀다면 "시작의 끝"에 그쳤으리라. 앞서 소개했던 앤드리슨 호로위츠의 분석처럼, "새로운 시작"의 문턱에 서지 못했을 것이다. 하지만 젊은 세대에게 온라인은 지위이자 자유를 뜻하기도 한다. **'지위 추구형(Status-Seekers)'**은 온라인 커뮤니티에 참여해 팔로워를 모으거나 자신만의 독특한 아이덴티티를 만들어가기 위해 온라인에 뛰어든다. 가상의 굿즈를 제작해 본인의 크리에이티브를 자랑하거나 게임에서 솜씨 좋게 이겨 성취를 느끼는 유형이다. 같은 화면이라도 어떤 아이는 친구와 일상을 보내는 데 시간을 쓰고, 다른 아이는 디지털 아이덴티티를 공고히 하기 위해 온라인에 터를 잡다.

"어떻게 '파란 진드기'가 있어?" 실제로 틱톡에서 자주 접하는 댓글들은 '지위 추구형'을 거든다. 소위 '파란 진드기'라고 불리는 인증마크는 소셜미디어 플랫폼에서 공식 계정에 부여하는 표식이며, 보통 연예인이나 공인, 기업 계정 등에서 찾아볼 수 있다. 헌데 팔로워 수가 적고 유명하지도 않은데 당신 계정에 공식 인증마크가 붙어 있다면 저 질문을 피해가기 어렵다. 댓글 창에 삼삼오오 모여 '파란 진드기'에 대한 의문을 제기하는 사람들. 나는 그들을 보며 감지했다. 인증마크는 차별화의 표식이구나. 디지털 아이덴티티를 중시하는 추세의 연장선상에서 '파란 진드기에 대한 납득할 만한 이유'를 추궁하는 건 다분히 인간적인 반응이라 할 만하다.

한편 **'자유주의자(Libertarians)' 유형**은 문자 그대로 사회적, 경제적 자유를 얻고자 하는 부류다. 암호화폐, 대체불가능토큰(NFT), 가상현실(VR) 기술 등 첨단 기술이 이들의 관심사다. 그만큼 이들은 새로 떠오르는 기술과 트렌드에 밝다. 정확히는, 그것이 어떤 기회를 창출하는지에 관심이 많다. 지위 추구형도 자기 브랜드를 만들어서 사회적으로, 경제적으로 기반을 마련하기 원한다는 점에서 일부 자유주의자 유형과 교집합을 형성하지만, 자유주의자 유형이 좀 더 IT와 '돈 벌기'에 해박하다고 할 수 있다.

"게임을 해도 목적이 달라요." 미국인 인터뷰 참가자(18세)는 '포트나이트(Fortnite)'와 '샌드박스(The Sandbox)'라는 게임을 들며 자유주의자 유형을 대변했다.[52] 여러 사람이 참여하는 슈팅 게임 '포트나이트'는 재미를 위해 플레이한다. 본인이 3D 게임을 만들 수 있는 블록체인 기반 게임 '샌드박스'에서는 수익 추구를 기대한다. 후자의 경우 게이머가 자신만의 아이템과 캐릭터를 NFT로 제작해 거래할 수 있다. 그래서 게임을 즐기는 동시에 투자 정보를 교환하거나 자신의 NFT를 판매해 돈을 버는 식으로 온라인 활동을 이어간다.

이제 온라인의 젊은 세대를 구분 짓는 네 가지 유형에 관해서 정리해 보자. **결국 이들은 온라인과 오프라인을 억지로 분리하지 않는다. 삶을 담는 그릇이 달라졌을 뿐이다.** 늦게까지 친구와 놀고 싶을 때, 혹은 친구와 꼭 그 게임을 하고 싶을 때 화면을 마다할 이유가 없다. 본인과 생각과 취향과 온도가 비슷한 사람을 만나 연결되기 원하는 기본적인 욕구가 주변에서 채워질 수 없으면 온라인을 향할 따름이다. 학교에서 소위 인기 있는 '인싸'가 되고픈 바람과 온라인에서 디지털 브랜드로서 명성을 얻고픈 마음에 우열이 있을까. 남들보다 먼저 기회를 잡으려는 인간적인 욕망은 디지털 미디어의 고도화와 맞물려 충족된다. 그렇게 아이들의 화면 속에는 더더욱 온라인 디폴트의 삶이 정착한다.

그들의 화면은 꺼지지 않는다

결국 지금의 N세대를 이해하려면 자유로움, 유대감, 지위, 기회라는 키워드를 함께 고려해야 한다는 걸 알 수 있다. 이 키워드들 자체는 새롭지 않으나, 이전과 달라진 미디어 환경과 이러한 요소들이 만났을 때 비로소 세대 간의 격차가 벌어진다. 온라인으로도 충분히 친구를 만날 수 있는데 그걸 알아주지 않는 부모님에게 서운함을 느끼고, 화면으로 다양한 경험을 하며 새로운 숫자와 기준을 받아들이며 나름의 방식으로 가치관에 변화를 겪는다. 그런 지금의 N세대에게 오래된 N세대의 사고방식이 반드시 부합하지는 않을 것이다. 그 간극을 인정하면서 제대로 살펴볼 때 젊은 세대와 그들이 살아갈 미래를 엿볼 수 있다.

우리는 온라인 디폴트의 세상에 관해서 얼마나 알고 있는가. 온라인 디폴트가 대체 무엇이건대 이토록 세대와 세대 사이의 차이를 만드는 것일까. 앞으로 우리가 살펴볼 내용들에 힌트가 담겨 있다. 이 책에서 다각도로 살펴보겠지만, **아이들이 화면을 손에 쥐고 성장하면서 배우고 겪고 마주하는 현실은 예상보다 훨씬 입체적이다.** 모바일에 능숙한 기성세대라도 인공지능의 출현에는 당황할 수밖에 없었을 것이다. 이제는 태어났을 때부터 내가 묻는 질문에 즉각 응답하는, 그림이나 영상까지 뚝딱 만들어주는 AI와 공존하는 세상이 열렸다. (AI의 쟁점에 관해선 다음 장에서 자세히 다룬다.) 나아가 게임은 오직 게임만이 아니고, 스마트폰은 그저 바보상자에 그치는 것이 아니다. 또 아이들은 화면에 저항하기도 한다. 정확히는, 화면 속 세상을 만들며 왕국을 건설한 어른들의 문법에 의문을 제기한다. 온라인 디폴트를 받아들인 세대이기 때문에 누구보다 그 화면 속 환경과 생태계의 지속가능성을 고민하는 것이다.

어차피 네트워크에서 살아간다는 기본 설정 없이 일상을 논하기 어려워진 현실이다. 어른이나 아이나 매한가지다. 그렇다면 새로운 N세대에게 "주구장창 화면만 보고 있다"라며 핀잔을 주기 전에 생각해 봐야 하지 않을까. 이들이 화면과 어떻게 살아갈지, 성장할지 함께 고민하는 시간이 반드시 필요한 것은 아닐까. **화면의 문제는 화면에 머무르지 않는다. 그것은 아이들이 직면한 삶의 문제, 그리고 앞으로 자신에게 주어진 시간을 어떻게 보내며 자기 인생을 살아갈지의 문제와 깊숙이 결부돼 있다.** 이들이 어떻게 온라인 디폴트의 세상에서 살아갈지, 그 안에서 어떻게 더 나은 삶의 방식을 택할지 진중하게 바라볼 차례다.

'스마트폰은 나의 저장소다.' 이제 이 구절을 조금은 더 깊이 헤아릴 수 있을까. 어째서 아이들은 스마트폰을 부수는 게 자신을 부수는 것이라며 분노하고 있을까. 항상 자신과 연결돼 있던 '내 화면'을 누군가 억지로 가로막을 때, 당사자 입장에서는 약간 불편한 정도의 해프닝일 수 없다. 본인의 디지털 기록과 인간관계, 지위와 기회와 정체성까지 그 화면에 담겨 있는 까닭이다. 설령 화면을 들여다보지 않을 때도 그 안에 담긴 '나'는 실제의 '나'와 떼려야 뗄 수 없다. 그러니 스마트폰을 부수는 것은 실질적으로 '나'를 무너뜨리려는 시도로 간주된다. **지금 이 순간, 화면의 의미와 무게는 완전히 달라졌다. N세대의 화면은 결코 꺼지지 않는다.**

2장
인공지능 이후의 세상

AI와 함께 성장하는 아이들

스마트폰이 이전부터 언급돼 왔던 N세대의 일상을 보편화했다면, 인공지능(AI, artificial intelligence)은 과거의 N세대는 상상하지 못한 세계관을 만들고 있다. 불과 1년도 안 되는 사이에 '숙련된 인간만이 할 수 있는 일'이라고 여겼던 수많은 기능들이 AI의 손을 거쳤다. 사람이 묻는 말에 그럴싸한 대답을 하고, 자료조사를 뚝딱 해치우고, 요청에 맞춰 이런저런 그림을 흉내 내기까지 한다. 특히나 지금의 변화는 스마트폰처럼 손에 잡히는 근거리에 있다는 점에서 상당한 영향력을 발휘한다. 스마트폰이 '문자가 가능한 MP3'에서 '돈까지 보낼 수 있는' 화면으로 진화한 것처럼 인공지능 화면이 이 세상에 가져올 다이내믹함을 생각해 볼 수 있다.

정확히 2022년 하반기 이후부터 우리가 대하는 '화면의 패러다임'

은 또 전폭적으로 달라졌다. 특히 떠오르는 기술에 해박한 IT나 스타트업 업계에서는 '인공지능 없이 일할 수 없는 몸이 돼버렸다'(?)라는 간증이 나올 정도로 **생성형 인공지능 서비스**가 쏟아졌다. 명령문을 입력해 그림 혹은 음성을 생성하던 서비스가 주를 이루던 단계에서, 불과 1년 만에 하나의 인공지능 서비스가 이미지, 음성, 영상을 가리지 않고 뚝딱 뽑아내는 경지에 다다랐다. 대중적으로 가장 잘 알려진 챗GPT부터 미드저니, 스테이블퓨전, 구글의 바드 등 다 열거할 수 없을 만큼 생태계가 만개했다.

그래서일까. 혹자는 지금 Z세대부터 알파세대를 아울러 **인공지능 네이티브**(AI Native)가 될 것이라고 지칭한다.[1] 네이티브란 '원주민'을 뜻하는 영단어로, 주로 무언가에 원래부터 능통한 경우 따라붙는 용어다. 영어를 모어로 쓰는 사람을 '잉글리시 네이티브 스피커'라고 부르는 것과 같다. 그래서 인공지능 네이티브라는 개념에는 인공지능 또한 공기처럼 자연스럽게 일상에 녹아든다는 관점이 담겨 있다. PC가, 모바일이 우리 생활에 들어온 것처럼 앞으로 아이들에게는 인공지능이 일상의 풍경이 된다는 의미다.

이러한 세태는 어느 정도 예견돼 있었다. 국내에서도 550만 명이 넘게 관람한 일본 애니메이션 〈스즈메의 문단속〉에는 재밌는 장면이 등장한다. 영화 속 남자 주인공 소타는 저주에 걸린다. 걸어다니면서 말도 할 수 있는 의자로 변해버린 것이다. 이에 여자 주인공 스즈메와 함께 저주를 풀고 세상을 구하기 위해 모험을 떠난다. 그 과정에서 어느 집에 하룻밤 신세를 진다. 엄마와 두 자녀가 함께 사는 가정이었다. 엄마는 1층에서 밤 늦게까지 가게를 운영해야 했고, 스즈메는 어쩌다 보니 아이들을 돌보는 역할을 맡았다.

다른 사람들이 곁에 있을 때 소타는 의자처럼 굴었다. 정체가 탄로 나거나 소란을 일으키지 않기 위해서다. 하지만 육아에 지친 스즈메를 지켜보던 소타가 갑자기 말문을 연다. 말하는 의자라니! 아이들이 충격에 빠지지 않았을까. 아니다. 영화 속 아이들은 '인공지능 의자'(!)라며 두 눈을 빛냈다. 말도 받아치고 세 발로 걸어다니기까지 하는 인공지능 의자에 완전히 푹 빠져버렸다. 그런 덕분에 스즈메는 육아지옥에서 탈출할 수 있었다. 소타는 아이들의 인공지능 보모 노릇을 해냈다.

절묘하다. 엉뚱하게도 영화 속 이 장면은 우리가 '자동화'를 어디까지 받아들이고 있는지 대중적으로 연출해 냈다. 아이들이 말하고 걸어다니는 의자를 보고 인공지능 로봇쯤으로 짐작할 수 있다는 상상이 그만큼 자연스러워졌다는 것이다. 아이들이 인공지능 음성인식 스피커의 주 이용자라는 걸 고려했을 때 그리 허황된 장면도 아니다.[2] 꼭 사람이 아니라 사물이더라도, 내가 이름을 부르면 반응하고, 무언가 요구하면 소기의 대답이 돌아오는 경험은 그들의 삶에 낯선 것이 아니다. 자신이 궁금해한 걸 알려주기도 하고, 노래를 틀어주기도 하는 기계는 영유아에게도 온라인 디폴트의 세상을 선사한다. **컴퓨터가, 모바일이 그랬던 것처럼 인공지능 또한 지금의 아이들과 더불어 성장할 것이다.**

"그거 인공지능 합성 아냐?"

그러니 기술의 발전에 따라 관점의 차이가 더 벌어질 것이라는 걸 충분히 예견할 수 있다. 멀리서 예후를 찾을 필요가 없다. 예컨대 '얼룩말 탈출 대소동'을 소환해 보자. 2023년 3월 서울어린이대공원에 살던 얼룩말이 동물원 우리에서 탈주했다. 얼룩말은 사육장에서 나와 서울 시내 일대를 돌아다녔다. 차도에, 음식점 앞에 얼룩말이 서 있었다. 골목에서 오토바이에 앉은 배달원과 독대하고 있는 얼룩말의 사진은 초현실적이기까지 했다.

결국 얼룩말은 포획돼 거처로 돌아갔다. 당연히 이 사건은 인터넷을 휩쓸었다. 그중 눈에 띄는 반응이 하나 있었다. "이거 인공지능으로 합성한 이미지 아냐?" 얼룩말이 포함된 이미지가 모두 합성한 것 같다는 반응이었다. 그럴 만하다. 요즘 세상에 그 정도 이미지를 누가 못 만들까. 신기한 일이다. 그로부터 불과 몇 개월 전까지만 해도 합성은 '금손'의 영역이었는데, 삽시간에 사람들의 생각이 바뀌었다. 클릭 한 번, 문장 한 줄로 이미지를 만들어내는 걸 그리 대수롭지 않은 일로 여기게 됐다.

누군가는 수상을 거부했다. 무려 1위 수상작이었다. 2023 소니 월드 포토그래피 어워드(Sony World Photography Awards)의 크리에이티브 오픈 카테고리 부문에 접수된 사진이었다.[3] 작품명은 〈전기공(Pseudomnesia: The Electrician)〉. 작가는 수상을 거부하며 이 작품을 인공지능으로 만들었다고 밝혔다. 기술의 변화를 환기시키고자 일부러 AI가 생성한 이미지 파일을 출품했던 것이다. 이젠 화면을 봐도 어는 인공지능이 생성해 낸 것이 아닐까 의문부터 떠오른다. 그럴 법한 세상이 됐다.

AI로 과제 컨닝하기, 여친 챗봇 서비스, 인공지능으로 웹툰 대리 작업까지 할 수 있는 시대가 도래했다. 화면에서만큼은 현실의 경계가 더 모호해지고 있고, 우리는 생각지도 못한 부분까지 인공지능에 외주를 맡긴다. 이런 흐름은 점점 강력해지고 있다. 화면 속에 등장한 대리인, **인간의 언어를 구사하며 인간적인 대화를 흉내 내는** '그'에게 화면 속 작업을 맡기면 그는 어떤 식으로든 결과물을 내준다. 때로는 더 적은 비용으로 더 나은 결과물을 뽑아낸다. 내가 영어를 한국어로 번역하는 시간보다 한 번의 클릭을 통해 인공지능이 영한 번역을 하는 시간이 훨씬 짧다.

심지어 AI는 말도 안 되는, 그래서 때론 신선한 전략을 세우기도 한다. 《하버드 비즈니스 리뷰(Harvard Business Review)》에 따르면, 미국 경영대학원(MBA) 학생들이 조별 과제를 통해 새로운 시장 진출 전략을 세우는 동안 블루오션 시장 전략의 기본 골자를 학습한 AI가 대략 1시간 만에, 인간 조별 과제 결과물보다 더 개성 있는 시장 진출 방안을 내놓은 사례가 있다.[4] 인간이 관습과 직관에 얽매일 때 인공지능은 그러지 않기 때문이다. 이처럼 화면 속 세상에서 할 수 있는 일의 분야는 생각지 못한 범위까지 빠르게 확장되고 있다.

인공지능이라 특정하지 않으면 화면 너머에 누군가 존재하는 듯한 착각마저 불러일으키는 요즘이다. 그래서 누군가는 말한다. AI를 활용하는 일은 마치 똑똑한 인턴이나 외주 업체에 메신저로 업무를 요청하는 것과 같다고. 가끔 답답해도 자주 놀라운 아웃풋을 보여준다고. 그래서 다른 누군가에겐 이러한 세간의 인식이 위기감으로 다가온다. 인간이 기계에 한순간에 대체되진 않을까. 전문가들은 꼭 그렇지 않다고 하지만, 특히 아주 어린 시절부터 AI의 막강한 영향력을 체감하며 자라나는 당사자들은 그 **불확실성**을 모른 척할 수 없다.

더 이상 유일하지 않은 인간

과학기술이 발전한 이래 인간의 위상은 거듭 겸손해졌다. 우주의 중심인 줄 알았던 지구는 태양을 중심으로 공전하고 있었다. 모든 피조물 위에 군림하는 줄 알았던 인간은 사실 유인원으로부터 진화한 산물이었다. 우리는 신의 계획이 아니라 유전자를 남기기 위해 복무하고 있었다는 게 밝혀졌다. 이런 흐름에서 화면도 예외는 아니었다. 1978년 노벨 경제학상을 수상하고 인간의 인지능력과 합리성에 관해서 깊은 통찰을 보여준 경제학자 허버트 사이먼(Herbert Simon)은 다음과 같이 말을 보탰다. 생각하고 학습하는 (컴퓨터 혹은 AI와 같은) 기계를 생산하면서 "인간은 자기 환경에 복잡하고 지적인 조작을 할 수 있는 유일한 종으로 남지 못하게" 됐다고.[5] 과학기술은 분명 지적인 고등 생명체로서 타의 추종을 불허하던 인간의 위치에도 변화를 일으켰다.

21세기에 들어 그 예견은 일부 실현된 셈이다. 인간은 유일하지 않다. 기계는 인간인 나보다 영어 번역도, 그림 그리기도 잘한다. 목소리까지 자유자재로 갈아 끼운다. 이는 생성형 AI의 등장 이전부터 예상되었던 바다. 시시각각 데이터를 반영해 맞춤 추천을 해주는 알고리즘은 인간의 지적 노동을 뛰어넘었다. 사람이 관심을 가질 만한 뉴스를 보여주고, 궁금해한 것에 그럴듯한 답을 내준다. **지능을 포함한 인간의 고유한 역량은 외부세계에 독립적으로 존재하는 '상품'이 됐다. 비교적 손쉽게 접근할 수 있는.**[6]

한 인터뷰에서 뉴욕대 얀 르 쿤(Yann le Cun) 교수는 "거의 모든 영역에서 인간만큼 똑똑한 기계가 나올 수 있다"라고 주장했다.[7] 인공적인 계산이 인간에 준하는, 혹은 인간이 커버하지 못하는 수준으로 발전한다는 의미다. 물론 이런 기대에 비해 지금 상황은 "피상적인" 수준이다. 허나 이는 기계의 역량 문제일 뿐이다. 르쿤 교수는 AI의 광범위한 발전에 "의심의 여지가 없다"라고 강조한다. 향후 인간의 지능을 증폭하는 수단으로써 인공지능을 두려움 없이 받아들여야 한다고까지 언급한다.

실제로 자신의 목소리를 기꺼이 내어주겠다는 가수가 나타났다. 캐나다 출신 싱어송라이터 그라임스(Grimes)는 AI를 활용해 녹음 파일 속 목소리를 자신의 가창으로 바꾸는 소프트웨어 엘프테크(elf.tech)를 론칭했다.[8] 나도 직접 이 서비스를 시험해 봤다. 아이돌 그룹 블랙핑크 음원에서 목소리만 추출한 파일을 구해 엘프테크에 업로드해 보았다. 30초 만에 1분 30초 분량의 그라임스 버전으로 변형됐다. 작업물이 그리 깔끔하게 나오진 않았다. 그럼에도 입력과 출력이라는, 비교적 간단한 방식으로 AI가 인간의 스킬을 상회한다는 걸 이해하기엔 충분했다.

실제로 한 유튜브 채널의 운영자는 본인이 좋아하는, 하지만 여러 해 새 앨범을 내지 않았던 가수 딘(Dean)의 목소리를 AI에 트레이닝했고, 그 목소리로 여자아이돌의 노래를 부르는 커버 영상을 올렸다.[9] 이에 가수 본인도 이 채널을 알고 "노래 많이 들어달라"(!)라고 응원하는 독특한 광경이 연출됐다. 가상의 블랙핑크가 뉴진스나 아이브의 곡을 소화하는 게 작금의 현실이며, 튜닝을 할수록 그 리얼함은 배가된다.

유저는 그라임스의 목소리를 입힌 음원을 상업적으로도 판매할 수 있을 전망이다. 이로부터 발생하는 로열티를 50 대 50으로 나눌 수 있도록 제반 작업이 진행되고 있다.[10] 스트리밍 플랫폼과의 협업 및 정산 자동화 시스템 구축 방안 등을 모색할 것으로 예상된다. 이와 비슷하게 유튜브는 (아티스트의 허락 하에) 유명 가수의 음악을 흉내 내는 30초짜리 짧은 음원을 생성할 수 있는 기능을 일부 유저에게 시범적으로 출시했다.[11] 분명 법적으로나 기술적으로나 시스템을 완성하긴 쉽지 않겠지만, 이러한 시도들은 우리에게 AI의 진화가 '신기하고 대단한 것'에서 끝나지 않는다는 메시지를 던진다. 화면에서 목소리를 외주화하고, 그에 따른 결과물을 판매할 온라인 창구가 마련돼 있으며, 거기서 이익을 나누려 하는 프로젝트가 진행 중이다. 반짝 뜨고 질 유행이 아니다.

구글 30퍼센트, 애플 20퍼센트

온라인 디폴트는 그 기세에 비해 그리 중요치 않은 의제로 다뤄져

왔다. 그 사이 정보 검색, 커뮤니케이션, 작화, 보컬 등 전자화면에 입력될 수 있는 웬만한 작업을 모두 외주화할 수 있는 세상에 성큼 다가섰다. **즉, 온라인이 당연한 세상이 AI의 대유행을 만나 '화면 바깥과 화면 속 세계의 서열'을 훨씬 더 적극적으로 좁혔다.**

그 스펙트럼의 끝에는 분명, 지금은 말도 안 되는 가치 체계가 자리 잡고 있을 것이다. 개발자 없이는 코딩을 꿈도 꿀 수 없었던 시대를 지나, 노-코드(No-code, 코딩이나 프로그래밍 언어를 모르는 사람도 코딩을 할 수 있도록 개발 서비스를 설계하고 사용하는 접근법)나 로우-코드(Low-code, 유저가 손쉽게 코딩을 할 수 있도록 개발 서비스를 설계하고 사용하는 접근법) 플랫폼으로 간단한 웹사이트쯤은 혼자 만들 수 있는, '도구(수단)의 외주화'가 자연스러운 환경으로 가고 있다.[12]

이와 같은 화면의 근본적인 변화를 두고 인지과학자 데이비드 차머스(David Chalmers)는 이런 농담을 건넸다. "제 마인드는 한 30퍼센트쯤 구글, 20퍼센트쯤 애플로 구성돼 있습니다." 구글, 애플, 페이스북, 스마트폰과 같은 인공물에 '결합된(coupled)' 시스템으로서 인간이 세상을 인식하고 동작한다는 것이다. 그의 시각에 따르면 인간은 본인이 평소 자주 쓰는, 항상 곁에 두는 화면을 **자신의 인지 프로세스 일부**로 취급하게 된다. 차머스는 이를 두고 "인공물에 의해 확장된 마음(인식)"[13]이라고 명명하기도 했다. 하나의 기본 패키지로서 기계가, 화면이, 화면 속 현실이 우리에게 이식돼 있다는 도발적인 발상이다.

차머스는 '계산기'를 예로 든다. 계산기를 쓰게 되면서 인간은 암산할 수 없는 계산을 할 수 있게 됐다. 때로는 암산할 수 있는 계산도 계산기로 한다. 계산기는 계산에 대한 인간의 인식에 영향을 미친다. 좀 더 가까운 사례로는 휴대전화를 들 수 있다. "예전에는 전화번호 다 외웠는데"라는 대화를 한 번쯤 해봤을 테다. 가족, 친구, 필요한 번호는 모두 암기하고 있었던 시절이 있었다. 이제는 전화번호부를 저장해 두거나 검색마저 할 수 있는 환경이 됐다. 마음도 태세전환을 했다. 이젠 오랜 친구의 전화번호도 외우지 않는다. 안 하는 건지, 못 하는 건지 그 경계는 흐릿하다.

'내 화면'은 PC통신에서 모바일로, 나아가 인공지능으로 입체감을 얻었다. 화면 속 세상이 이다지도 다이내믹한데, 그걸 (굳이 마다할 수도 있지만) 마다할 이유가 없는 현대사회를 살고 있다. 어린 세대에게는 온라인이 없던 시절이, 혹은 온라인이 천천히 발전해 왔다는 사실이 와 닿지 않을 법하다. MIT 사회심리학자 셰리 터클(Sherry Turkle) 교수는 한술 더 떠 오늘날 "우리 모두가 사이보그"라고 주장했다.[14] 화면에 접속해 기계와 연결돼 있는 상태가 마치 신체의 일부분을 달고 있는 것처럼 자연스럽다는 뜻이다. **화면 안팎에서 인간이 동시에 존재할 수 있다는 모순이다.** 화면과 우리의 관계는 전등을 켜고 끄는 것보다 훨씬 복잡하게 얽혀 있다.

거스를 수 없는 변화 앞에서

사이보그가 되는 걸 마냥 반길 수 있을까? 온라인이 우리의 먹고사니즘(?), 그리고 일상과 내면 깊숙이까지 연관돼 있다면 어떨까? 이로 인해 우리 모두가 살아가는 방식마저 재조립될 가능성이 있다. 가장 대표적인 예시가 **'일자리 대체'**다. 2023년 5월 미국 테크 업계에서 약 4000여 명이 생성형 AI로 인해 일자리를 잃었다.[15] 골드만삭스(Goldman Sachs)는 세계적으로 3억 명 이상의 근로자가 생성형 AI에 의한 자동화의 영향을 받을 것이라고 내다봤다.[16] 꼭 실직이 아니라도 거대한 변화 앞에 무력감과 혼돈이 가중된다. 아이들에게는 'AI 불안'이 우스갯소리도 괜한 설레발도 아니다.[17]

2023년 '메조미디어'의 설문조사에서도 생성형 AI로 인해 우려되는 문제점으로 가짜 뉴스 및 정보 생성(46퍼센트)과 인력 대체로 인한 실업률(39퍼센트)이 대표적으로 언급됐다.[18] 가짜 뉴스 및 정보 생성의 문제는 딥페이크(deepfake, 인공지능을 기반으로 활용한 인간 이미지 합성 기술) 논란으로 인해 누구든 익히 접했을 것이며, 가짜로 합성된 얼굴 이미지가 여론을 뒤집고 개인의 명예를 훼손하는 일도 점점 빈번해지고 있다. 10대 응답자 중 49퍼센트, 20대 응답자 중 46퍼센트가 AI를 써봤다고 응답한 점을 고려할 때, 젊은층이 AI를 가장 많이 사용하는 한편 동시에 이 기술로 인한 부침을 가장 많이 겪으리라 예상할 수 있다. 위 설문조사의 결과에도 AI 후폭풍을 바라보는 10·20세대의 시각이 녹아 있다.

가장 적극적으로 온라인으로 살아가는 지금 N세대는 AI에, 화면 속 세상에 **양가적인 감정**을 느낄 수밖에 없지 않을까. 이들은 어느 세대보다 인공지능을 자주, 열심히 활용하면서도 그것이 자신에게 가져올 여파에 우려 섞인 시선을 건넨다. 소셜미디어에서 인공지능을 활용해 자유자재로 콘텐츠를 만드는 걸 긍정하면서도[19] AI 이후의 세상을 걱정하는 역설에 놓여 있다.[20] 화면과 자유롭게 대화하는 데 익숙하고, 다른 사람의 '이미지 합성 꿀팁'을 신기해하다가도 마냥 신날 수만은 없다. 거스를 수 없는 변화 앞에서, 적응과 저항 사이에서 고민하는 세대다.

이에 관한 흥미로운 통계도 있다. 2023년 부안여고 학생들이 고교생 130명을 대상으로 AI에 대한 청소년 인식 조사를 실시한 바 있다.[21] 응답자 중 83.8퍼센트가 대화형 인공지능을 써본 학생들이었다. 인공지능에 대한 다양한 응답 중 눈에 띄는 항목이 있었다. '생성형 AI를 활용한 교육을 부정적으로 생각하는 이유'에 대한 답변으로 가장 많이 나온 말은 "스스로 할 수 있는 능력이 줄어들어서"였다. 반면 "많은 시간과 노력을 들이지 않고 쉽게 찾을 수 있어서" AI를 청소년 교육에 쓰는 걸 긍정적으로 본다는 시각도 공존했다. 상충되는 반응이다. 화면을 향한 아이들의 기대와 염려가 교차했다.

같은 조사에서 이들은 "인공지능 덕분에 일상생활이 편리해졌다"(89.2퍼센트)라고 대답했다. 또한 "생성형 AI가 미래 사회에 필수 요소"(71.5퍼센트)라고 예측했다. 그러면서도 인공지능이 잘못된 정보를 출력하거나 이미지 저작권 문제가 있다는 점을 예의주시해야 하는 게 젊은 세대가 겪고 있는 역설적인 상황이다. 실제로 윗세대인 교사와 Z세대 학생 모두에게 생성형 AI에 대한 의견을 물었을 때 양쪽 다 "AI에 한계가 있다"는 점을 분명히 했다는 조사 결과가 있다.[22] 이들은 인공지능이 부정확한 답변을 제시하거나, 부적절한 이미지를 생성하거나, 편견에 기댈 수 있다는 데 입을 모았다.

현재의 화면을 수용하는 정도에 세대 간 격차가 있을지언정 화면이 우리 삶에 영향을 끼친다는 사실에는 큰 이견이 없을 것이다. **다만 젊은 세대는 일평생 화면과 더불어 살아가야 하는 당사자로서 그러한 화면친화적 삶의 방향성을 놓고 끊임없이 갈등한다.** 화면 속 세상이 주는 자유와 기회를 쫓으면서도 그로 인한 불확실성에 방어적인 태도를 취하기도 한다. 이들은 '이대로 괜찮은가'를 두고 이 사회에 질문을 던지는 장본인이다. (이에 관해서는 6장에서 자세히 다룬다.) 인공지능으로 인한 변화를 마주하며 젊은 세대는 '어떻게 살 것인가'라는, 피할 수 없는 과제를 맞닥뜨린 셈이다.

변함없는 가치는 무엇인가

희소식이 남아 있다. 세상이 하루아침에 뒤집히진 않는다. 2023년 세계경제포럼의 『일자리의 미래』 보고서에 따르면 현재 비즈니스 관련 업무는 34퍼센트를 기계가 수행한다.[23] 2020년 설문조사에 못 미치는 수준이다. 그때는 2025년까지 비즈니스 업무의 거의 절반(47퍼센트)이 자동화될 것이라고 예견했다. 현실을 감안하고 기업들도 기대치를 하향 조정한 것이다. 보고서에선 2027년까지 업무 자동화는 전체의 약 42퍼센트에 도달한다고 전망한다. 추론 및 의사 결정 업무는 35퍼센트, 정보 및 데이터 처리 작업은 65퍼센트가량 자동화할 것으로 예상한다. 이 또한 실현될지 두고 볼 일이다.

이 보고서만 봐도 각 항목의 편차가 크다는 걸 알 수 있다. 직무마다 자동화 속도가 다르다. 어찌 보면 당연하다. 화면에 0과 1, 혹은 데이터로 입력할 수만 있다면 기계의 먹이가 될 수 있다. 입력된 내용을 바탕으로 패턴을 파악한 기계는 인간을 모사한다. 먹이가 충분하다면 매일 3끼밖에 못 먹는 인간보다 더 성실하게, 쉼 없이 먹이를 먹으며 산출물을 내놓는다. 우리는 분명 이러한 인공지능과 겨룰 수밖에 없는 현실을 살아가고 있다.

그러니 우리가 해야 할 질문은 달라진다. **'화면에 다 담길 수 없는 것은 무엇인가?'** 어떤 지점에서 화면이 인간의 삶에 더 빠르게 침투하는지, 거기에 다 담을 수 없는 인간적인 영역은 무엇인지 우린 정밀하게 짚어야 한다. 기계의 외주 업무가 늘어나는 흐름 속에서 인간인 내가 분업해야 할, 혹은 지휘해야 할 영역은 무엇일까? (이 내용은 결론부인 7장에서 자세히 살펴볼 것이다.)

결국 우리가 주목해야 할 지점은 **전환의 속도**다. 기술은 언제나 인간의 직무를 대신하면서 직업을 창출하고 대체하는 양상을 보였다. 1960년대 산업화와 맞물려 급부상했던 버스 안내도우미는 1980년대 중반에 벨, 자동문의 등장으로 자취를 감췄다. 기술이 직무뿐 아니라 직업까지 대리한 케이스다. 르쿤 교수도 이 문제를 꼬집는다. 농업이 사라지진 않았다 해도 종사자의 비율 자체가 감소한 것처럼 AI 또한 일자리를 창출하면서 일자리를 줄이거나 없앨 것이 자명하다는 의견이었다.

예체능이냐, 사무직이냐 같은 분류표는 큰 소용이 없다. 도리어 엉뚱한 처방의 원인이 된다. 2016년 '알파고 충격' 이후 한국고용정보원은 '자동화로 직무가 대체될 확률이 높은 직업'을 발표한 바 있다.[24] 순위가 낮은 직업으로 화가, 사진사, 조각가, 만화가, 가수, 제품

디자이너, 배우 등이 선정됐다. 인간의 감성, 터치가 중요하기 때문에 AI가 침투하기 어렵다는 이유였다. AI가 그림을 만들어내고 목소리를 생성하며 리서치와 작문을 수행하는 지금 상황과 따로 노는 진단이었다. 각각의 실무에서 화면이 얼마나 많이, 깊이 쓰이는지 고려하지 못한 탓이다.

그렇다면 무엇이 남을까. 아이들은 이미 답을 알고 있는 듯 보인다. 앞서 130명의 고등학생에게 시행했던 대화형 AI 인식조사에는 "인공지능을 올바르게 사용하기 위해 청소년들이 노력해야 할 일은 무엇입니까?"라는 문항이 포함돼 있었다. 학생들이 가장 많이 고른 답변은 **'인공지능이 준 답을 비판적으로 사고하고 분석하기'**였다. 『일자리의 미래』 보고서에서 '추론 및 의사 결정 업무'의 AI 전환 속도가 가장 늦다고 분석한 것을 떠올려 보면 일리 있는 답변이다. 이처럼 기꺼이 인간이 감당해야 할 영역을 주목하고, 일찍부터 그에 필요한 능력을 키울 것을 장려할 때 비로소 다음 세대에게 오래가는 유산을 물려줄 수 있을 것이다.

다행히 화면은 생각보다 더 찬찬히 삶을 파고든다. '찬찬히'에서 가망을 본다. 아직 늦지 않았다. 더 늦기 전에 온라인 디폴트를 치열히 조명해야 한다. 사이보그가 되고 있는 인간의 시간을 되돌아볼 타이밍이다. 온라인의 비중이 늘어나도 변함없을 가치를 생각해야 하고, 화면을 포함해 타자가 대신해 줄 수 없는 핵심이 무엇인지를 따져 물어야 한다. 어쩌면 앞으로 아이들에게 가르쳐야 하는 내용은 **화면과 더불어 살아가고 또 성장하는 데 필요한 역량**이 아닐까 생각한다. 그것이야말로 불확실하고 험난한 미래를 헤쳐 나갈 중심이 될 것이기 때문이다.

세상을 '만드는' 사람들

이쯤에서 앞서 본 구절을 되새겨 본다. "시작의 끝", "가명이 본명이 되는 일", "온라인의 존재감". 이렇게 말한 사람들의 공통점은 IT 업계 사람들이라는 것이며, 정확히는 화면 속 세상을 만드는 일에 먼저 뛰어든 주체라는 점이다. (이 책을 쓰는 저자도 마찬가지다.) 스타트업 업계에서 좋아하는 격언 중에서 "미래를 예측하는 가장 좋은 방법은 그걸 만드는 것"이라는 문구가 떠오른다. 그 말에 따른다면, 화면의 당사자들은 온라인 디폴트의 세상을 '예측하는' 동시에 '만드는' 사람들이라 할 수 있다. 디지털 세계는 이들이 십시일반 힘을 모아 만든 발명품이다. 발명품은 반드시 인공적으로 기획되거나 발전한다. 그 과정에는 **누군가의 의도**가 깃들어 있다.

지금은 당연해진 하루들, 그 태초로 거슬러 올라가 보자. 당신이 언제부터 음식이나 카페, 풍경 사진을 찍었는지 기억하는가. 언제부터 그걸 소셜미디어에 올렸더라. 언제부터 메시지 알람을 바로 확인하기 시작했더라. 언제부터 아바타를 꾸미는 데 재미가 들렸더라. 언제부터 워드파일보다 구글독스가 편했더라. 언제부터 알고리즘이 낯익은 일상어가 됐고, 두 개 이상의 스크린으로 업무를 보는 데 길들여졌더라. 원래는 내게 없던, 새롭던 것들이었데, 지금은 매일 그 화면을 마주한다. 내 일상이 누군가 만들어둔 세상에 기반을 두고 있다.

10년 전과 비교하면 참 많이 달라졌다. 공책 필기를 하며 손 아파하던 아이는 클라우드 문서로 작업하는 어른으로 자랐다. 이젠 클라우드에 문서가 자동으로 동기화되지 않으면 혹시 날아갈까 봐 불안하다. 유튜브 플레이리스트는 내 음악 취향을 간파한다. 틱톡 계정은 내가 애쓰지 않는 이 순간에도 알아서 내 목소리를 대변한다. 내 돈은 적금, 주식, 코인으로 구성돼 있다. 요즘은 자율주행 전기차에 눈독을 들인다. 인지하든 아니든, 나의 세상은 온갖 종류의 화면에 잠겨 있다.

그 화면은 공짜가 아니다. 집을 짓는 사람이 집을 지어 돈을 벌 듯이, 혹은 광고판이 광고를 게재하는 대가를 받듯이, 온라인 화면은 일종의 부동산처럼 부를 산출한다. 화면 속 세상을 만드는 이들의 밥벌이 수단이다. 돈과 가치를 맞바꾸는 거래가 활발하게 이뤄지면서 온라인 '도시'는 번창한다. 인터넷 위에 세워진 플랫폼 여기저기에 사람들이 모여드는 식이다. 사람들이 방문하는 빈도가 올라갈수록 상점도, 광고판도, 거주자도 늘어난다. 땅주인도, 집주인도, 상점 주인, 직원들도 거기서 먹고산다.

그 세계를 혼자 만들 순 없다. 전화선이 연결돼 있다고 저절로, 너도나도 전화를 쓰진 않았다. 통화할 수 있는 상대편이 있기에, 전화를 일상적으로 쓰는 사람들이 있기에 통신 인프라도, 컬러링 서비스도 존재의 의미를 얻는다. 바이브컴퍼니 부사장 송길영 박사는 앞으로 무엇이든 '플랫폼 제공자'나 '크리에이터', 둘 중 하나로 존재할 것이라 짚은 바 있다.[25] 이들은 불가분의 관계다. 크리에이터는 판이 벌어져야 그 위에서 활약할 수 있다. 다양한 사람들 없이 플랫폼은 공터에 지나지 않는다. 발명품이 하나의 세계관으로 커지는 데는 수많은 공력이 든다는 뜻이다.

즉, 온라인 세상에서 플랫폼은 크리에이터 없이 지속할 수 없다. 플랫폼을 단속하는 반독점 규제가 플랫폼에 상품이나 콘텐츠를 제공하는 이들을 마냥 종속적인 존재로만 규정하지 않는 것도 위와 같은 이유 때문이다.[26] 다만 디지털 플랫폼의 위력은 나날이 커지고 있다. 젊은층에게 유튜버가 장래희망이 된 지 오래다. 쿠팡친구(전 쿠팡맨)나 배달 라이더가 하나의 직업으로 거론된다. 요즘 흔히 접하는 콘텐츠 마케터, 소셜미디어 관련 직군이 불과 7~8년 전인 2016년 무렵만 해도 드물었다. 이처럼 플랫폼의 힘이 배달, 차량 공유, 실제 비즈니스 및 생계 등과 연계되면서 **화면 바깥의 이해관계**에까지 여파를 준다. 화면의 위상이 달라졌다.

더군다나 세상을 만드는 사람들은 안주하지 않는다. 미개발 지역을 무주공산(無主空山)으로 보고, 이를 선점하기 위해 춘추전국시대를 연다. 2022년 4분기부터 2023년 1분기 사이의 수개월간 오픈AI와 마이크로소프트, 구글, 페이스북, 오픈소스 진영 등등 내로라하는 이름들이 생성형 AI 속도전을 벌였다. 압도적인 강자가 없을 때 위험을 무릅쓰고라도 고지를 점하는 게 IT비즈니스의 숙명 아닐까. 그 기업들은 누구보다 먼저 디지털 공간에 투자한다. 그리하여 기어코 사람들에게 없어선 안 될 필수재가 되길 기대한다. 거창하게 패권(헤게모니) 다툼이라고 부를 만하다.[27] **온라인에 거주하는 모두가 그곳을 가꾸지만, 엄연한 순서가 존재한다는 의미다.**

그래서 조금은 억울하고, 동시에 미안하다. 모두가 저만치 앞질러 가는 화면을 쫓아가느라 급급한 상황에서, 아이들에게도 거기에 적응하라고만 다그쳐야 할까. 화면에 맞춰 자신의 역량을 기르는 개개인의 노력만이 더 나은 미래를 만드는 해법의 전부일까. 아니다. 그랬다가는 더더욱 **화면의 인위성**을 망각하고 놓쳐버리게 될 것이다. 자칫 화면이 만들어지는 모양새에 자신을 끼워 맞추려 애쓰다가 지치고 질려버릴지 모른다. 개개인의 노력을 넘어 '세상을 만드는 방식'에 대한 일말의 고민이 필요해 보인다. 어차피 N세대가 그 안에서 장기적으로 건강하게 살 수 있을 때에만 화면이 '삶'이라는 타이틀을 달고 발전할 수 있다. 화면을 만드는 이들 또한 이에 대한 고민에서 자유로울 수 없다. (5장에서 더 많은 이야기를 공유하겠다.)

분명 화면 또한 누군가가 의도를 가지고 기획해 만들어낸 **인공물**이다. 인공물에는 디자인이 가미된다. 그 디자인은 영원, 불변하지 않다. 예컨대 손으로 움켜쥐어 돌려야 했던 동그란 문고리는 훗날 길쭉한 막대형 손잡이로 다양해졌다. 손힘이 약한 노인이나 어린이, 혹은 장애인도 동일하게 문을 열도록 하는 아이디어다.[28] 화면 속 세상도 다르지 않다. 플랫폼의 이해관계에 따라 디자인과 기획은 얼마든지 달라질 수 있다. 예컨대 나는 어느 날 갑자기 배달 앱 화면이 변한 걸 발견했다. 내가 평소에 자주 썼던 (배달료를 아끼는) 선택지는 좌측 하단에 조그마한 버튼으로 바뀌었다. 그걸 찾느라 잠시 헤맸다. 대신에 한집에만 빠르게 배달해 주는 값으로 배달료를 더 크게 내는 옵션이 상단에 걸렸다. 문득 실감했다. 우리의 온라인 생활이 변형될 때 그 '영리적인' 의도를 어디까지 허용할 수 있을까?

"페이스북을 삭제하라(#DeleteFacebook)." 잊을 만하면 프라이버시 이슈로 물의를 빚는 빅테크 기업을 두고 유저들은 비판의 강도를 높였다.[29] 2018년 아마존이 사용한 인공지능 채용 프로그램이 여성 지원자보다 남성 지원자에게 계속 높은 점수를 부여하는 편향을 일으켜 빈축을 샀으며, 해당 프로그램은 결국 폐기됐다.[30] 전업으로 차량 공유 플랫폼의 운전자가 되는 사례가 늘어나면서 노동권에 대해 재정의해야 했던 우버는 2021년 영국 운전자노조와 최초로 단체 협약을 맺어 플랫폼 노동자에 대한 논의를 다각화했다.[31] 온라인 세상과 거기서 사는 사람들의 작용과 반작용은 끊임없이 줄다리기를 이어왔다.

뒤에서 더 다루겠지만, 인공지능에 한층 가까워진 온라인 디폴트는 우리에게 훨씬 구체적이고 일상적인 질문을 건넨다. AI가 바꿔놓은 자신의 미래 진로를 고민하는 대학생, 알고리즘이 보여주는 화면 속 세상에 염증을 느끼는 아이들, 화면을 통해 본인이 하고 싶은 일을 찾고 이루며 즐겁게 살아가는 젊은이들까지. **사람들의 삶에 긴밀히 연결돼 있는 화면과 그 설계자들을 향해서 경종을 울리려는 움직임과 함께 지금 N세대에 대한 편견을 바로잡으려는 다양한 시도도 눈에 띈다.** 화면은 사회가 생각하는 것보다 훨씬 중요해졌으며, 앞으로 더욱 중요해질 것이기에 진지한 고민과 실천이 이어질 수밖에 없다.

디지털 미디어가 고도화하는 과정이 인위적이듯 그 세상을 위해 목소리를 내는 노력 또한 인위적이다. 그동안 이 사회가 조금씩 개선돼 왔던 방식과 크게 다르지 않다. 불과 수십 년 전만 해도 여성은 투표권조차 없었다. 자신의 인종에 따라 누군가는 인간 이하의 취급을 받았다. 신분과 계급의 구분이 있었다. '상식'을 뒤집은 채 지속된 '인위적인' 노력 끝에 지금의 세계에 이르렀다. **화면이 세월을 거듭해 진화해 온 것처럼 화면 속 세상이, 거기서 살아가는 우리 삶의 형태 또한 얼마든지 인위적으로 변화할 수 있다. 때로는 반드시 그리해야 한다. 일평생 화면과 떼려야 뗄 수 없는 관계로 살아갈 미래가 이미 아이들의 곁에 와 있다.**

3장
인생은 게임처럼, 게임은 인생처럼

게임은 도피처에 불과한가

"게임은 질병이 아닙니다." 2023년 아시안게임에서 e스포츠가 공식 종목이 되자 정치계에서 이 같은 발언이 나왔다.[1] 그럴 만도 하다. 여전히 게임에 대한 인식이 부정적인 까닭이다. 게임은 부차적인 일, 쓸데없는 짓, 또는 사회적 해악으로 치부되기 십상이다. 게임의 역사를 따져보면 이러한 간극이 왜 벌어지는지 짐작할 수 있다. 비디오 게임이 세상에 태어난 지 약 50년이 됐다.[2] 고전 온라인 게임인 〈바람의 나라〉가 1996년에 정식 서비스를 시작했으니 온라인 게임 또한 약 30~40년 전쯤 세상에 태어났다.[3] 딱 부모와 자녀 세대의 나이 차만큼이다. 한 세기를 채워 일평생을 지내기 전까지 게임은 열광과 미움의 냉온탕을 오갈 것이다.

불과 십수년 전까지만 해도 게임은 **'게임에 불과하다'**고 여겨졌다.

게임을 해서 얻는 즐거움은 굉장히 개인적이었다. 여러 사람과 그 즐거움을 공유한대도 그 커뮤니티를 조금만 벗어나면 그 즐거움을 공유할 수 없었다. 공감이 부재한 자리에서 게임은 '삿된' 것으로 치부됐다. 타임머신을 타고 20~30년 전으로 돌아가 다음과 같은 사실을 전하면 그 시대 사람들은 기절하지 않을까. 전 세계 게임 인구가 37억 명에 육박했고,[4] 국내 게임 이용률이 2022년 74.4퍼센트에 도달했으며,[5] 자녀와 함께 게임을 하는 부모가 응답자의 59.3퍼센트나 된다고.[6] 그만큼 게임은 젊은 세대에 밀착한 가장 대표적인, '까'와 '빠'가 공존하는 화면 안의 세계라고 할 수 있겠다.

명백하게도 이 사회는 '게임이 없었던 세상'에서 '게임이 없었던 적이 없는 세계'로 옮겨가고 있다. 아이들의 화면 속에 다가갈수록 이런 관측이 등장한다. "(화면 속 세상은) 모두를 게이머로 만들 것이다." 블록체인 전문 미디어 《코인데스크(CoinDesk)》에 실린 한 칼럼은 기성세대부터 젊은 세대까지 모두가 '게이머'를 닮아간다고 평했다.[7] 특히 Z세대, 그보다 어린 알파세대는 디지털 공간에서 그냥 게임을 하고 마는 게 아니라 울고 웃고 살림살이도 차리는 걸 자연스레 받아들인다. 해당 칼럼은 게이머가 게임에 빠지는 것처럼, 그리고 게임의 외연이 넓어지면서 소위 "메타버스 세대"가 게임'식'으로 살아간다는 통찰을 건넸다.

생각해 보면 앞선 장에서 Z세대와 화면의 관계에 대해 열거한 특징들은 이미 게임이라는 장르에서 낯설지 않은 소재다. 캐릭터 스킨을 사서 꾸민다거나 게임으로 온오프라인 친구들과 모인다거나 엄청난 그래픽으로 장대한 풍경을 연출해 낸다거나, 가상의 마을 속 주변 이웃과 애정 전선을 형성해 얼렁뚱땅(!) 아기를 만들 수 있는 경험까지. 각양각색의 디지털 세계, 그것이 선사하는 경험은 게임이 그동안 게이머에게 제공해 온 요소들의 총합과 그리 다르지 않다.

2022년 글로벌 컨설팅업체 딜로이트(Deloitte)의 보고서에 따르면 전 세계 Z세대는 **'게이머'라는 정체성**으로 대통합되어 있다.[8] 미국, 영국, 독일, 브라질, 일본에서 일관되게 Z세대 응답자의 90퍼센트 이상이 "비디오 게임을 해본 적이 있다"라고 답했다. 또 그들은 매주 11~12시간을 게임에 할애한다. 국가나 문화권마다 차이가 날 법도 한데 그렇지 않았다. 게임으로 인해 게이머들은 "힘든 시기를 견딜 수 있고" "자신의 정체성을 지지받으며" "꾸미기를 통해 자신을 더 자유롭게 표현한다"라고 느끼고 있었다.

그러니 화면을 상시로 곁에 두는 세대, 특히나 게이머에 속하는 미래 세대에게 게임은 어른들이 말하는 게임 그 이상의 의미를 가진다. 머리를 식히려고 가볍게 하는 게임, 심심풀이로 하는 게임, 남들이 하니까 같이하는 게임, 하다 보니 재밌어서 계속하는 게임, 왠지 적성에 맞아 이것저것 시도해 보게 되는 게임, 플레이하면서 돈을 벌고 업으로 탈바꿈하는 게임 등등 이들의 게임 체험과 활용은 다양한 갈래로 뻗어나간다. **흡사 게임은 인생을, 인생은 게임을 닮아간다. "모두가 게이머가 된다"라는 제언은 결코 빈말이 아니다.**

이렇게 반문할 수도 있겠다. '그럼에도 게임은 도피처에 불과한 건 아닐까.' 그런데 더는 도피처로만 볼 수 없을 정도로 젊은 세대에게 미치는 게임의 영향력이 심대하다면 어떨까. 어쩌면 게임이야말로 화면과 더불어 살아가는 젊은 세대의 일상과 생각을 가장 잘 드러내는 매체로 대해야 하는 건 아닐까. 허나 그 중요도에 비해 게임에 대한 이해도, 다채로운 해석이 부족하다는 게 분명하다. 앞으로 평생 온라인 디폴트를 체화하며 살아갈 사회에서 '게임을 위한 최소한의 변론'이 필요하다고 느끼는 이유다. 무엇이든 과하면 문제가 되듯, 게임도 마찬가지다. **다만 게임은 벌써 게임이라는 경계선을 넘어선 지 오래다.** 더 늦기 전에 게임에 대한 관념을, 게임식으로 살아가는 사람들에 대한 생각을 재정립해야 한다.

우리는 왜 게임에 몰입하는가

체리와 체리가 합쳐지면 딸기가 된다. 딸기를 합치면 포도, 포도는 귤, 귤은 감 그렇게 최종 과일인 수박이 될 때까지 열중한다. 소위 '수박 게임'은 인터넷 방송을 중심으로 2023년 하반기에 전 세계를 강타한 퍼즐 게임이다.[9] 룰은 심플하다. 같은 과일을 합체하여 수박에 근접할수록 더 큰 점수를 받을 수 있다. 간단한 규칙에 맞춰 수박을 만들겠다는 목표를 향해 집념으로 밀고 나가다 보면 어제보다, 이전 라운드보다 더 높은 점수를 갱신한 자신을 발견할 수 있다. 이게 뭐라고 이렇게 시간을 쓰나 현타가 온대도 어쩔 수 없다. 게임이 '몰입'의 극치를 선사하는 까닭이다.

한때 나는 수박 게임을 하루에 1시간 이상씩 하다가 그만뒀다. 쉬는 시간에 잠깐 플레이한다고 약속해 놓고 게임에 몰두해 시간 가는 줄 모르고 화면만 봤다. 어쩔 수 없었다. 확실한 목표, 단순한 규칙,

적당한 난이도에 정확한 보상, 실시간 기록으로 보이는 성장까지. 게임은 심리학자 칙센트미하이(Mihaly Csikszentmihalyi)가 말했던 '몰입 상태(flow)'의 요소를 두루 갖췄다.[10] 인생사가 이렇게 간명하다면 얼마나 좋을까. 신나게 세상살이에 몰입하며 살아갈 텐데. 하지만 삶에는 명확한 목표도, 정해진 룰도, 난이도 조절이나 레벨 표시도 없다. 당장 내 맘대로 할 수 있는 것도 많지 않다. 그러니 우리는 게임이 주는 명시적인 변화에 매료되는 게 아닌가 싶다.

이러한 게임의 문법은 화면 곳곳에서 찾아볼 수 있다. 숫자에 휘둘리지 말자고 다짐해 놓고서도 본인이 게시한 글이나 사진에 '좋아요'가 적으면 왠지 주눅 든다. 게임에서 기록 경신을 못 했을 때 괜히 옹졸해지는 것과 비슷하다. 어떤 커뮤니티에서 본인이 랭킹 1위였는데 다음날 순위가 내려와 있으면 자꾸 신경 쓰인다. 미션을 수행하고, 최소한의 규칙을 따라 결과물을 만들고, 구체적인 액션을 취하도록 하는 화면의 근간에는 게임의 법칙이, 즉 **게임만이 줄 수 있는 '몰입의 레시피'**가 숨어 있다고 볼 수 있다.

신기하게도 게임은 일상을 담기 시작했다. 화면에서 볼 수 있는 관계, 화면에서만 기록할 수 있는 순간들이 생겨나면서부터다. 게임 캐릭터 레벨업을 위해 게임 내 길드원들과 함께 밤을 새서라도 승급전에 참여하며 시간을 공유한다. 학급 친구들과 마피아 게임 대신 '어몽어스(Among Us)'를 플레이한다.[11] 재미로 만들었던 미니 게임이 나중에는 직업으로, 사업 아이템으로 확장되기도 한다. 온라인 디폴트의 관점에서 게임은 잠깐 접속하고 마는 '사건(event)'을 넘어 연속성 있는 '상태(status)'에 가까워졌다. 종료하면 끝나는 한 판이 아닌

'살아가는 공간'이 되고 있다. 그렇게 게임과 인생은 긴밀하게 맞물리는 중이다.

로블록스, 게임이자 생활이 되다

게임 로블록스(Roblox)는 여기에 베팅해 왔다. **로블록스는 메타버스, Z세대 키워드에서 빠지지 않는 플랫폼이다.** 게이머는 레고 모양의 캐릭터를 분신으로 삼는다. 아바타는 로블록스 여기저기를 누빌 수 있다. 다양한 모양의 블록으로 게임 맵을 만들거나, 유저가 직접 게임을 개발할 수도 있다. 그만큼 **자유도**가 높은 디지털 공간이다. '로벅스'라는 게임 머니가 쓰이는 것도 큰 특징이다. 현금으로 로벅스를 충전해 게임에 쓸 수 있다. 반대로 로블록스 내에서 이 재화를 벌어 현금으로 환전하기도 한다. **고유의 경제 시스템**이 있는 것이다.

로블록스는 팬데믹 이후 엄청난 성장세를 보였다. 일일 사용자가 2022년 9월 약 5780만 명, 사용 시간은 40억 시간이었다. 2021년 데이터에 따르면 로블록스 내 게임 개발자는 800만 명 이상이며, 개발자들이 벌어들인 총 수입은 약 2억 달러(한화 2257억원)로 개별 평균 수입은 1만 달러(한화 1200만원)에 달했다. 또 이용자의 약 80퍼센트가 10대였다. 로블록스 내에서는 10~20대인 Z세대 창업가가 왕성하게 활동하는 것으로 알려져 있다. 1인 크리에이터, 사이드 잡을 넘어 '사장님'으로 성장하는 그들이다.

실제로 틱톡에 로블록스를 검색하면 관련 영상이 쏟아지는 걸 알 수 있다. 대부분 10대가 운영하는 것으로 추정되는 계정들이 로블록스를 플레이하는 영상 위주로 업로드를 한다. 가장 많이 볼 수 있는 유형의 영상은 본인이나 타인이 로블록스 게임을 하는 영상을 배경으로 본인이 하고 싶은 말이나 특정 음원을 영상에 입혀 전하는 유의 콘텐츠다. 이들은 엘리베이터가 오길 기다릴 때, 학교 가는 길에, 교실에서 친구들과 함께, 쉬는 시간에 잠깐 로블록스에 접속한다. 소셜 채널까지 운영할 경우 플레이 화면을 녹화해 기록을 남긴 후 이 게임 영상을 기반으로 친구 혹은 타 유저들과 교류하는 양상을 띤다.

앞에서 로블록스 내의 창업가에 관해 이야기했듯, '만드는 게임'은 취미를 넘어 본격적인 직업이 되기도 한다. "스크립터, 애니메이터, 이용자 인터페이스(UI) 디자이너 구합니다. 비용은 협의 가능하고, 2~3년 이상 경력자를 원합니다." 구인구직 사이트에서 볼 법한 이런 내용이 로블록스 사이트에는 매일 올라온다. 로블록스의 '탤런트 허브(Talent hub)' 섹션은 로블록스 내에서 구인구직이 이뤄지는 페이지다.[12] 팀이나 개인 단위로 위와 같이 구인공고를 올리기도 하고, 본인의 포트폴리오와 크리에이터 프로필을 작성해 공개구직을 하기도 한다. 현실세계를 빼다 박은 듯한 광경이다.

《게임 디벨로퍼(Game Developer)》와의 인터뷰에서 로블록스의 엔지니어링 부문 부사장 닉 토나우(Nick Tornow)는 이러한 인재 채용 서비스가 로블록스에 필요하다고 강조한다.[13] 독립적인 개인들이 모여 팀을 이뤄 경제 활동을 하기 위함이다. 로블록스를 잘 아는 유저가 로블록스에 기반을 둔 회사에 적합한 인력일 확률이 높고, 수십 명 규모로 커진 게임 스튜디오 입장에서 회사를 대변하는 팀 프로필이 필요한 시점이라는 것이다. 로블록스를 중심으로 형성된 관계는 화면 속 세상의 규모를 가늠케 한다. **끝나지 않는 게임 플레이 화면 속에서 아이들은 그야말로 자신들의 삶을, 타인과의 관계를, 하나의 사회를 구성하고 있다.**

과연 어디까지 게임인가

이쯤 되면 '화면은 거들 뿐'이라고 단정하기 어렵다. **저마다 자기만의 화면, 배움, 취향, 직업, 사회를 가질 수 있다는 점에서 화면은 현생을 닮았다. 둘은 불가분의 관계가 됐다.** 화면이 현생을 더 강력하게 보조할 뿐만 아니라 그것이 없으면 성립할 수 없는 현생을 만든다. 그래서 온라인 디폴트의 세상에서 나고 자란 젊은 세대에게 게임은 종종 게임에 머무르지 않는다. 게임에서 친구를 만나고, 게임에서 자아실현을 하고, 게임에서 배움을 얻거나 경제활동을 한다. "허구한 날 게임만 한다"라는 핀잔이 여전할 수 있으나, 과거와는 사뭇 다른 풍경이 펼쳐지는 것 또한 사실이다.

그러다 보니 '어디까지 게임인가'라는 도발적인 질문이 제기된다. 예컨대 로블록스는 국내에서 게임인지 여부로 도마에 오른 바 있다.[14] 통상적인 게임으로 분류하자니 (현금으로 바꿀 수 있는) 로벅스가 눈에 밟힌다. 그렇다고 로벅스 때문에 사행성 게임으로 분류하기엔 이미 이 게임의 영향권이 젊은 세대를 중심으로 넓어져 있다. 심지어 로블록스를 아예 게임이 아니라고 봐야 한다는 논쟁도 뒤따랐다.[15]

2021년 당시 게임 '포트나이트' 제작사 에픽게임스는 애플과의 소송전이 한창이었다.[16] 게임에 대한 앱스토어 규제를 문제 삼은 것이다. 당시에도 게임의 정의가 관건이었다. 에픽게임스는 포트나이트가 메타버스 플랫폼이라고 주장했다. 반면 애플은 포트나이트가 게임으로서 앱이 아닌 게임 정책을 지켜야 한다고 맞섰다. 그러면서 엉뚱하게 로블록스가 소환됐다. 애플은 로블록스가 게임이 아니라 **"경험(experience)"을 제공하는 메타버스 플랫폼**이고, 그러므로 로블록스는 앱스토어에 허용되지만 포트나이트는 아니라는 논지를 펼쳤다.

로블록스가 게임이면서도 게임이 아니라고 규정하는 작금의 여론은 게임이 게임에만 한정되지 않는다는 주장에 힘을 실어준다. 로블록스는 분명 여타 게임의 속성을 띠고 있지만, 시작과 끝이 분명한 게임 플레이와 달리 "맵, 가상세계, 그 안에서 유저가 무엇을 할 수 있는지 (최소한의) 바운더리"를 갖춘 디지털 경험의 원천이기도 하다.[17] 거기서 게이머는 게임을 하면서 친구들과 만나 즐거운 시간을 보내고, 혹은 스스로 게임 맵을 만드는 데 몰두한다. **게임이라는 화면이 선사하는 시간이 여러 갈래로 뻗어 나간다. 게임은 '어디까지가 게임인가'라는 질문 자체를 시험하고 있다.**

게임의 소셜미디어화

이쯤에서 이렇게 반문해 볼 수 있겠다. '로블록스만 그런 건 아닌가?' 다른 게임들과 달리 마인크래프트, 로블록스, 동물의숲 등 오픈형 게임 플랫폼이 유독 일상과 맞닿아 있는 게 아니냐는 의문이다. 허나 꼭 특정 게임이 아니라 해도 게임은 타인과 상호작용하고 외부와 관계를 맺는 **소셜미디어의 역할**을 겸하게 됐다. '레이저피시(Razorfish)'의 설문 조사에서 Z세대 게이머인 응답자 중 65퍼센트가 게임을 통해 오프라인 관계만큼 의미 있는 온라인 인간관계를 만든다고 말했다.[18] 그들은 친구와 보내는 시간이 오프라인보다 게임 안에서 적어도 2배 이상은 된다고 답했다. 확실히 게임은 젊은 세대의 기록과 관계의 공간으로 자리 잡는 중이다.

즉, 게임에 접속하는 이유 자체가 '게임을 하기 위함' 이상으로 다양해진다는 의미다. 대학내일 20대연구소의 '2022 MZ세대 게임 이용 행태 및 인식' 보고서에 따르면 Z세대는 친구들과 어울리는 수단으로도 게임이라는 시공간을 택한다.[19] 또 혼자 하는 솔로 게임이나 살벌하고 빡빡한 게임보다 가볍게 소통하며 노는 게임을 선호하는 것으로 나타났다. 세대별 게임 이용에 관한 다른 조사 결과에서도 게임 내 상호작용이 중요한 특징으로 떠올랐다.[20] 설문에 응답한 Z세대의 70퍼센트가량이 가까운 미래에도 게임 내 메인 콘텐츠를 플레이하지 않은 채 "놀러가듯(hang out)" 게임에 접속할 것이라 응답했다. 즉, 게임은 창작, 사교, 시청과 플레이를 포함한 모든 참여형 활동의 목적지로 거듭났다.

세대 간의 응답률을 비교해도 게임을 하는 이유가 얼마나 다채로워졌는지 체감할 수 있다. 물론 어느 세대나 게임을 하는 가장 큰 이유는 현실에서 한발 물러나 "환기하기 위해서(unwind)"다. 하지만 나이가 많을수록 여러 플레이어가 있는 게임보다 솔로 플레이를 하는 게임에 손이 간다. 이 점에서 아이들은 매우 다른 양상을 보여준다. X세대(28퍼센트)나 밀레니얼 세대(37퍼센트) 응답률과 비교했을 때 Z세대(50퍼센트 이상)는 압도적으로 게임을 '소셜미디어'처럼 쓰는 경향을 보였다.[21] '로블록스는 게임인가'라는 질문지에 세대마다 다른 답변이 나오게 되는 배경이라 할 수 있다.

요약해 보자. 우리가 익히 알고 있던 '게임의 정의'가 게임에 담긴 모든 시간을 포괄할 수 없는 시대에 도착했다. 온라인에서 할 수 있는 일의 가짓수가 늘어났던 것처럼 게임에서 할 수 있는 경험의 종류가 다양해졌고, 처음부터 그런 화면을 곁에 두고 살아가는 아이들은 자연히 게임을 소셜미디어로도 자유롭게 활용한다고 볼 수 있다. 로블록스가 게임인지를 묻는 해프닝은 일종의 시그널이다. 미래가 아닌 현재, 젊은 세대가 **어떻게 화면에 삶을 새기고 있는지** 짐작하게 되는 단서다. **게임은 그 변화를 가장 먼저, 명징하게 보여준다.**

나를 둘러싼 '게임스러운' 세상

게임은 단어 하나로부터 출발해 훨씬 복합적인 개념으로 발전해 있다. 일종의 **게임스러움**으로 공기처럼 주변에 깔려 있다. '보는 게임'을 예로 들 수 있다. 2021년 정보통신정책연구원 보고서에 따르면 초·중·고 학생 응답자의 48퍼센트, 19세 이상 응답자의 28퍼센트가 최근 1주 동안 유튜브에서 가장 자주 본 콘텐츠 장르로 게임을 지목했다.[22] 실시간 스트리밍으로 스트리머가 게임을 대신 플레이하는 영상을 보는 식으로도 게임을 즐긴다. 게임을 안 해도 게임스러움을 가까이 두고 있다는 뜻이다.

마케팅 에이전시 어도니스(udonis)는 Z세대 응답자들(71퍼센트)이 대체로 게임 플레이와 시청 둘 다 즐긴다는 걸 발견했다.[23] "게임 방송과 콘텐츠에서 더 많은 상호작용이 허용되며, 그래서 젊은 세대가 화면 너머 크리에이터에게 더 연결돼 있다고 느끼기 때문"이다. 즉, 하는 게임만큼 보는 게임이 사랑받는다. "게이머가 친구들과, 혹은 낯선 사람들과, 스트리밍을 하며 시청자 앞에서 게임을 하면서 인게이지먼트(engagement, 참여·관여도)를 강화하는 동시에 정서적 니즈를 더 충족할 수 있다"라는 딜로이트의 진단과 맞닿아 있다.

상호작용은 어떻게 게임이 될까? 예컨대 인터넷 방송에는 시청자가 유료 도네이션(donation, '기부' 또는 '도네')을 하면 크리에이터가 액수에 걸맞은(?) 리액션을 해주는, 관례 아닌 관례가 있다. 금액이 클수록 더 크게 반응한다. 시청자는 도네와 도네에 적은 문구로도 크리에이터와 교류한다. 개중에는 도네 금액에 따라 어떤 액션을 취할지 정리돼 있는 소위 '메뉴판'이 걸려 있기도 한다. 마치 현금 결제로 아이템을 사 효험이 있길 기대하는 게임의 양식과 같다. 게임 콘텐츠를 담는 게임 라이브 방송이 게임과 비슷하게 진행되는 크로스오버가 이뤄진다.

틱톡에서는 아예 라이브 방송에서 서로 다른 크리에이터와 합동 방송(합방)을 해서 도네이션 대결을 벌일 수 있다. 정해진 시간 내에 어느 쪽 틱톡커가 '도네'를 더 많이 받는지 경쟁하는 기능이다. 틱톡커들은 저마다 자신의 시청자, 팔로워 혹은 팬덤에게 도네이션을 해달라고 독려한다. 양쪽 도네이션 승부가 박빙일수록 더 불티나게 도네 버튼이 눌린다. 게임에서 흔히 볼 수 있는 장치다. 돈을 쓰고 이 상황에 몰입하도록 생각과 행동에 변화를 주는, 게임스러운 디자인이다.

100퍼센트 게임을 닮아야 게임식이 되는 게 아니다. 게임식은 우리 주위에서 크고 작게, 각양각색으로 찾아볼 수 있다. 예컨대 스타벅스 프리퀀시를 모으는 사람에게 한정판 굿즈는 보상, 프리퀀시는 도전이자 경쟁으로 작용할 수 있다. 최근 들어 아이돌 신곡이 나오기 전에 수록곡을 선공개하는 것, 뮤직비디오에 해석의 여지를 남기는 '떡밥 전략' 등도 게임스러움으로 연결 지을 만하다.[24] 사실 이런 게임식의 원리는 기성세대인 우리에게도 낯설지 않다. 보험 영업, 다단계 마케팅같이 고전적인 분야에서도 미션, 랭킹, 배지(badge, '지위'), 친구 초대 등 게임식 동기부여를 한다는 걸 알 수 있다.

Z세대향 서비스들에는 일찌감치 **게임식 라이프스타일**이 혼합돼 있다. 이용자의 대부분이 1020세대로 알려진 오픈타운(opentown)이라는 앱을 예로 들어보자.[25] 이 앱에 가입하면 이용자는 나만의 아바타 프로필을 설정하는 것으로 출발한다. 헌데 이 아바타는 내가 그 화면에 접속하고 있지 않을 때에도 내 계정에 말을 거는 상대방과 대화할 수 있는 인공지능 모드를 장착하고 있다. 이 인공지능 모드는 평소에 직접 훈련시켜서 고도화할 수 있다. 열심히 훈련시키면 보상으로 토큰이 주어진다. 이 토큰을 모으면 마치 로벅스처럼 현금으로 교환할 수도 있다. 소소한 용돈벌이다.

직접 앱을 둘러봤을 때 이 서비스에 머무르는 Z세대, 혹은 그보다 더 어린 유저들의 관심사 1순위는 역시나 친구를 사귀는 것으로 추정된다. 라이브 방송을 열고 단체채팅방에서 새로운 사람이 유입되길 기다리는 이들이 적잖다. 이런 소통방을 몇 시간 동안 열어두고 제목에는 본인 관심사 혹은 대화 주제를 명기하기도 한다. 꼭 그게 아니라도 '심심하니 이야기 나누자'며 생판 모르는 다른 유저를 기다린다. 그들은 역할놀이같이 그 방에서 게임을 열기도 했다. 그러다 서로 팔로우를 하고 온라인 상태든 오프라인 상태든 말을 걸어 24시간 어느 때고 대화를 나누는 식이다.

딱 봐도 이 플랫폼은 소셜 서비스다. 하지만 게임식의 눈으로 보면 곳곳에 게임을 닮은 흔적들이 역력하다. AI 자동 모드, 소셜 AI를 트레이닝할수록 보상이 주어지는 것, 보상이 실제로 경제적인 가치를 가진다는 점, 누구에게 말을 걸든 즉각적으로 대답을 들을 수 있는 경험 등은 과연 게임스러웠다. 보편적으로 적용되는 게임식 외에도 게임스러운, 동시에 다채로운 사회적 장치들이 이식돼 있다. 해당 앱을 특히 애용하는 유저층은 14~24세다. 그 유저들은 여기서 분신을 키우고, 인간관계를 만든다. 많게는 월 수십만 원의 수익을 창출한 사람도 있었다.[26] 어디까지가 게임이고, 경험이고, 일상일까. 재정의가 시급해 보인다.

게임이라는 조기교육

"삶이 곧 게임 아니겠어요." 20대 중반을 바라보는 A는 어깨를 으쓱이며 말했다. 그는 고등학교 때부터 온라인 사업을 해온 베테랑이었다.

그의 눈에는 지금 젊은 세대가 마치 게임을 하듯 인생을 살아가는 것처럼 보였다. 이들은 초등학생 때부터 게임을 해왔다. 게임에서 그들은 자신이 원하는 대로 아바타를 꾸미기도 하고, 더 높은 레벨에 도달하고자 골몰한다.

아이들이 장성해서는 '다른 게임'을 하기 시작했다. A가 보기에는 조회 수를 높이고 팔로워를 늘리는 것 또한 일종의 게임이었다. **가명이 본명이 되기 위해 수반되는 퀘스트**를 수행하는 것과 같았다. 그와 이야기를 나누고 돌아오는 길에 이런저런 생각에 잠겼다. 처음에 기자와 인터뷰이로, 나중에는 창업가와 창업가로 마주했던 과정을 떠올려 보면 '삶이 곧 게임'이라는 그의 가설을 더욱 곱씹게 된다.

흥미롭게도 나이키의 창업자 필 나이트(Phil Knight)는 자서전 『슈독(Shoe Dog)』에서 비슷하게 말했다. "좋든 싫든 인생은 일종의 게임과 같다. 이 사실을 부정하는 사람, 게임을 거부하는 사람은 방관자로 남을 뿐이다."[27] 뉴욕대 종교학과 제임스 카스 교수(James Carse)도 책 『유한 게임과 무한 게임(Finite and Infinite Games)』에서 인생을 게임에 비유한다.[28] 그에 따르면 인생이라는 게임은 크게 두 종류로 나뉜다. 유한 게임을 하느냐, 무한 게임을 하느냐. 책의 부제는 '인생이라는, 절대 끝나지 않는 게임에 관하여'다. 둘 중 어느 게임에 무게를 두는지 암시하는 제목이다. **끝이 없는 게임 플레이가 인생과 닮았다는 시각이다.**

유한 게임은 승리와 패배의 게임이다. 우리가 익히 아는 게임의 유형이다. 입시를 비롯한 스펙 경쟁이 유한 게임에 해당된다. 이 유형은 이 사회를 살아가는 데 분명 필요한 게임식이기도 하다. 자신이 그동안 꾸준히 쌓아온 시간, 실력, 경험을 보증하는 '증서'를 얻는 일이며, 불가피한 경쟁에서 우위를 차지해 생존하기 위한 근거를 마련하는 일이다. 하지만 카스 교수는 인생이 유한 게임만으로 굴러가지 않는다고 봤다. 정확히는, 유한 게임이 삶 자체를 지속해서 끌어주진 못한다. 오히려 본체는 **무한 게임**이다. 이기고 지는 문제가 아니라, 끝없는 맵을 스스럼 없이 모험하는 게임의 문법이 일생의 추진력이 돼 준다는 의미다.

그러니 삶이 곧 게임이라는 A의 관점은 '유한 게임'과 '무한 게임' 모두를 가리키는 시선으로 다가온다. **시험을 치르거나 자격증을 따는 '유한 게임'과 아무도 내가 나아가야 할 방향을 알려주지 않는 '무한 게임'이 일평생 아이들을 기다리고 있다.** 삶이 비록 수박 게임처럼 목표나 룰이 단순명료하진 않더라도, 목표를 세워 이루는 과정의 반복이라는 점에서는 게임 플레이와 다를 바 없다. 그렇다면 게임은 목표를 세우고 미션을 수행하는 일종의 동기부여 시스템이고, 젊은 세대는 게임을 통해 인생을 사는 방법 중 일부를 '조기교육' 받은 것이라고 표현할 수도 있지 않을까?

더군다나 최근 들어서 마인크래프트, 로블록스, 포트나이트같이 직접 맵을 만드는 **오픈월드형, 체험형 게임**이 각광받는다. 내게 주어진 게임의 룰을 따르는 선택지도 있지만, 게임이라는 양식을 통해 허허벌판에서 본인의 마음이나 목적이 이끄는 대로 무언가 창작하는 선택지도 마련돼 있다. 이러한 게임이야말로 무한 게임으로서의 인생을 간접적으로 접하는 시뮬레이션 훈련이 아닐까 싶다. 마인크래프트에서 가상 건축을 전문으로 해온 20대 크리에이터가 실제 건축학과 교수와 만나 건축에 대해 심도 있는 대화를 나누는 풍경이 오늘날에는 설득력을 얻는다.[29] **게임을 통한 배움, 그 잠재력**을 짐작케 한다.

부모님을 설득하려는 초등학생 사이에는 '왜 마인크래프트를 해야 하는가?'라는 제목의 블로그 글이 바이블로 전해 내려온다.[30] '지식인'이라는 Q&A 서비스에서 마인크래프트에 관한 질문에 2만 건 가까이 답변을 달았던 유저가 쓴 글이다.[31] 전문가답게 글쓴이는 '마인크래프트를 해야 하는 이유'로 여러 가지를 손꼽았다. 마인크래프트는 마치 디지털 레고와 같다는 점, 혼자 할 수도 있지만 여럿이 협동하는 플레이도 가능하다는 점, 무언가 설계하는 과정에서 배우는 게 많다는 점, 실제로 유럽과 미국 등지에서는 마인크래프트를 방과후 활동 혹은 코딩 수업으로 활용한다는 점 등을 근거로 거론했다. VR, AR로도 플레이가 가능한 만큼 마인크래프트가 "단순한 게임을 넘어 '하나의 도구'로 자리매김 할 것"이라는 첨언으로 이 블로그의 글은 마무리된다.

즉, 게임은 아이들에게 악영향만 미치는 게 아니다. 한 설문에 따르면 아이들은 게임에서 표출되는 아이덴티티가 진짜 자신이 누구인지 정확하게 보여주며(45퍼센트), 게임에서 더 나다워질 자신감을 얻는다(40퍼센트)라고 털어놓았다. 같은 조사에서 과반의 응답자(57퍼센트)가 현실보다 게임에서 더 자유롭게 나다워진다고 밝혔다.[32] 모두가 동일하게 기본 아바타, 기본 레벨, 제로베이스로부터 시작할 수 있다는 점에서 자기 자신을 탐구하고 마음 가는 대로 발산할 수 있다는 입장이다. 게임을 통해 힘든 시기를 견디고 여가시간을 보낸다는 Z세대의 설문 결과가 떠오르는 대목이다.

게임은 도피처이자 재미의 원천이다. 그것만으로도 충분히 의의를 가진다. 하지만 거기서 나아가 게임은 누구나 플레이해 볼 가치가 있는 화면으로도 진화하고 있다. **게임은 하나의 체계이자 문화로서, 각 개인에게 주어진 체험의 도구로서 은연중에, 혹은 결정적으로 미래 세대에 연결돼 있다.** 삶이 유한 게임과 무한 게임의 변주로 이뤄져 있다면, 그래서 각 게임의 장르에 맞게 플레이하는 게 인생에 중요한 역량이라면, 이제는 게임을 다르게 바라봄직하지 않을까. 중독의 원흉으로 찍혔던 화면이 사실 현실을 살아가는 힘을 줄 수도 있다니, 그 아이러니함에서 게임식 삶을 되새겨 본다.

화면에서 현실을 배우다

실제로 젊은 세대는 게임을 포함한 화면 속 세상으로부터 **앞으로 살아가는 데 필요한 배움**을 얻고자 한다. 가상에서는 비교적 쉽게, 실전에 준하는 시뮬레이션을 하면서 자신에게 필요한 걸 배울 수 있기 때문이다. 소규모 사업자들을 대상으로 이뤄진 마이크로소프트 스토어팀 조사에 따르면 Z세대 응답자 중 78퍼센트가 "소규모 사업자 대표로 살아가는 데에 대학 학위를 따는 게 필수적이지 않다"라고 말했다.[33] 또 응답자의 65퍼센트는 "틱톡을 통해 비즈니스에 대해 배운다"라고 답한 것도 주목된다. 해당 조사에 기재된 응답자 전체의 평균 응답률(33퍼센트)과 비교하면 확실히 젊은 세대가 훨씬 화면친화적인 생각을 갖고 있으며, 화면의 문법을 능동적으로 활용한다는 걸 알 수 있다.

호스팅업체 WP 엔진(WP Engine)의 설문조사에서도 Z세대 응답자 66퍼센트는 대학 학위보다는 인터넷에 대한 무제한 접근권이 비즈니스를 배우는 데 도움이 된다고 응답했다. "사업에 대해 배우고 사업을 일구는 데" 온라인 디폴트라는 흐름이 현실적이라는 입장이다.[34] 온라인이라는 바다를 누비며 본인에게 필요한 정보를 발굴하고, 때로는 게임식으로 목표를 설정해 이루는 방식이 살아가는 데 실질적으로 도움이 된다는 뜻이다. **'화면으로부터 삶에 필요한 역량을 터득했다'**라는 경험담을 진지하게 바라봐야 하는 이유는 충분하다.

이런 방식을 선제적으로 수용하는 움직임도 찾아볼 수 있다. 2019년 영국 공군 대변인은 게이머를 채용하겠다고 밝혀 화제가 된 적이 있다. 이유인즉슨, 게임 플레이를 잘하는 사람이 압박 속에서도 침착함을 유지하면서 정보를 파악하고 신속하게 대응하는 특징을 갖고 있다고 여겨졌기 때문이었다.[35] 또 다른 일례로, 경영대학원으로 유명한 펜실베이니아대학 와튼스쿨은 '와튼 인터랙티브'라는 비즈니스 시뮬레이션 콘텐츠를 개발해서 눈길을 끌었다.[36] MBA 코스를 마치 게임처럼 경험하는 프로그램이다. 온라인으로, 화면과 게임의 틀로써 비즈니스를 가르치려는 노력이다.

한때 와튼 인터랙티브의 캐치프레이즈는 **"진지한 게임, 진지한 배움(Serious Games, Serious Knowledge)"**이었다. 와튼스쿨도 이렇듯 적극적인 행보를 보일 정도니, 게임의 장르가 다양해진 것처럼 미래를 대처하는 게임식도 그만큼 다양해졌다고 볼 수 있다. 처음에는 도트(dot)만으로 이뤄진 까만 화면에서 단순한 규칙, 한정된 목표를 향해

도전해야 했다면 오늘날의 게임은 슈팅부터 농작물 키우기, 경제 시뮬레이션, 건축물 짓기, 게이머끼리 모여 퀴즈 맞히기 등등 각양각색이다. 거기서 경쟁과 프로세스와 설계와 협동하는 시간을 보내고 있는 젊은 세대에게 세상은 여전히 꽉 짜인 도트 게임을 으뜸이라 권하고 있는 건 아닐까. 그래서 (게임에서 그러했듯) 아이들은 기성의 권위에 반항하며 내가 원하는, 내게 맞는, **'나다운 게임'**을 위해 다른 선택지에 몰입하고 있는 건 아닐까.

현재 학생 신분의 사람들이 2030년쯤 갖게 될 직업의 85퍼센트 이상은 아직 등장하지 않았다는 전망이 나온다.[37] 그중에서 압도적인 비중으로 '디지털에서 기원한(Digitally-Native) 직업'이 새로이 출현할 것이라는 예측이 뒤따른다. 이런 직업에 반드시 첨단 기술이 요구되는 것도 아니다. 전문 리셀러, 게이밍 코치, 온라인 커뮤니티 매니저, 인터넷 방송인, 개발자부터 크리에이터 등은 이미 현실적인 직업의 반열에 올라섰다. 같은 맥락에서, '인덱스벤처스'의 렉스 우드버리(Rex Woodbury) 파트너는 현재의 젊은 세대가 "자기주도적으로 유연하게 일할 수 있는 디지털 플랫폼과 함께 성장했기 때문에" 반드시 기업에 시간을 빌려주는 고용 및 피고용 형태를 취하지 않는다는 점을 짚었다.[38] **즉, 온라인 디폴트라는 패러다임은 '삶이라는 게임의 지형도'를 바꾸고 있고, 젊은 세대는** (화면을 통해) **그 변화를 체감하며 스스로 대응하려는 움직임을 취하고 있다.**

한 커리어 전략 전문가는 오늘날 Z세대를 두고 "길 없는 길"을 만들어가고 있다고 표현한 바 있다.[39] 지금까지 우리가 추구했던 레거시들, 말하자면 평생 고용이나 가족 제도, 연금과 저렴한 주거비용으로 대변되는 경로를 더는 곧이곧대로 따를 수 없다는 판단이다. 그래서 Z세대에겐 길이 없다는 전제를 깔고, 자신만의 경로를 만드는 것이 대안으로 떠올랐다. 기존에 정해진 판의 규칙으로 도저히 내 자릴 만들 수 없다면 아예 경로 이탈을 최대한 빨리 시도하게 된다. **그들 자신에게 익숙한 게임식의 스타일과 게임에서 터득한 '플레이 경험'이야말로 Z세대가 택한 하나의 갈래라 할 수 있다.**

자퇴와 창업이라는 '경로 이탈'

"미래가 안 보여서 자퇴합니다." 코로나19와 맞물려 초중고 학업 중단 청소년이 늘어난 것은 우연이 아니다. 국회 교육위원회 소속 국민의힘 권은희 의원이 교육부에서 받은 자료에 따르면 학업 중단 청소년은 2020년 3만 2027명에서 2021년 4만 2755명으로 33.5퍼센트 증가했다.[40] 고등학생만 따져 보면 전년대비 약 39퍼센트 늘어난 이들이 자퇴를 결정했다. 어차피 온라인 수업, 입시 중심 교육이 이어진다면 자리다툼에 치이기보다 검정고시를 준비하는 게 낫다는 분위기가 생겼다. 아이들 앞에 놓인 입시의 문턱이 얼마나 굴절돼 있는지를 알 수 있는 대목이며, 그러면서도 시시각각 빠르게 대처하고자 하는 그 몸부림이 애달플 따름이다.

반드시 자퇴를 하는 게 아니라도 이미 일선의 학생들은 자기 갈 길을 만들기 위해 분주하다. 오픈채팅방이나 소셜미디어에는 오늘도 '자퇴'에 대한 콘텐츠와 커뮤니티 방이 적지 않게 검색된다. 오프라인의 세계에서는 쉽게 파악할 수 없다 해도, 학교 바깥과 온라인을 통해 아이들이 자기 인생을 능동적으로 찾아 가려는 움직임이다. 2017년 비즈니스 전문지 《Inc》의 조사에서 13~21세 응답자 중 22퍼센트가 "온라인으로 이미 돈을 벌고 있다"라고 답한 바 있다.[41] 스타트업에서나 들어봤던 **'빠르게 시행착오를 겪는**(Fail fast)**' 마인드셋**이 불투명한 앞날을 직면한 누구에게나 적용되는 듯하다.

통계청의 「2021년 전국사업체조사 결과」에 따르면 전년 대비 10~30대 대표자가 있는 사업체 수가 대폭 증가했다.[42] 30대 대표자는 4만 개(5퍼센트P), 20대 이하는 2만 7000개(12.1퍼센트P) 늘어났다. 여전히 사업체 대표자의 연령은 40~50대가 과반을 점유하지만, 상대적으로 젊은 세대 창업이 늘어 전체 구성비는 줄어드는 추세다. 박병선 통계청 경제총조사과장은 "20대와 30대 공통적으로 전자상거래 소매업과 커피 전문점을 하는 대표자가 많이 늘었다"라고 설명했다.[43]

이들의 특징은 **'마이크로 창업'**이다. 누가 날 평생 고용해주지 않을 테니 내가 나를 고용하기로 나선다. 일찌감치 자기 사업을 일군다. 작게 시도해 보고 안정적으로 수익을 내면 이를 키워 나간다. 혹은 여러 마이크로 창업을 더해 규모의 경제를 이룩하는 식이다. 2022년 액티브캠페인 설문조사에서 Z세대에 해당하는 학생 응답자의 56퍼센트가 최근 작게 사업을 시작하는 걸 고려했다고 밝히기도 했다. 응답자 평균(45퍼센트)을 상회하는 비율이었다.[44]

이와 관련해서 샌디에이고대학 심리학과 진 트웬지 교수는 "Z세대의 창업은 개인의 욕망이나 직장을 오래 다닐 수 없다는 공포에서 비롯된다"라고 꼬집었다.[45] 이들이 (보통 기업가정신에 수반되는) 리스크

감수를 굉장히 꺼린다는 시각이다. Z세대의 마이크로창업이 닷컴 버블 때와 다르다는 분석이 나오는 이유도 동일한 맥락에서 파악할 수 있다. 즉, 현재 젊은층은 소규모 혹은 사이드 창업으로 실패 부담을 경감하려는 경향을 보인다. 그들은 없는 길을 만들기 위해 이전 세대와는 또 다른 성실함을 요구받는 상황이다.

이때 화면은 마이크로 창업 자체를 가능케 하는, 사업을 효과적으로 운영하는 필수 요소 중 하나다. 스마트폰으로, 앱을 통해, AI와 노-코드로 작게 도전하면서 그들의 마이크로 창업이 이뤄진다.[46] 초기 투자금이 상대적으로 적은 경우 오프라인 소매업에 각종 소셜미디어를 최대한 활용하는 형태로 사업을 운영하기도 하며, 이것은 하나의 상식처럼 여겨진다.[47] 똑같이 음식점을 차려도 음식을 조리해 배달 앱으로 판매하는 데만 집중해서 설비에 드는 비용을 최소화하는 경우도 있다.[48] 어떤 의미에선, 지극히 '메타버스스럽게' 수익 창출을 시도하는 것이다.

'카페 24'에 따르면 2020년에는 전년 대비 59.4퍼센트, 2021년에는 19.8퍼센트 이상 10대 신규 창업자 수가 증가했다.[49] 10대들의 커뮤니티 일각에서는 (보호자의 동의만 있다면) 온라인 창업 자체가 이전보다 수월해지면서 일찍이 크리에이터나 본/부업으로 창업하기, 혹은 둘 다 시도해 보는 트렌드가 생겼다. 실제로 20대 초반 창업자들과 만나보면 작고 빠르게 창업해야 한다고 입을 모은다. 창업을 해서 성공적으로 안착한다면 그게 본인의 진로가 될 테고, 실패하더라도 그 경험을 이력 삼아 발 빠르게 다른 걸 도전하는 식이다. 정해져 있던 루트만이 능사가 아니라는 것이다.

정리해 보자. 분명 **자신의 삶이라는 게임 플레이를 '다르게' 하려는** 젊은이들이 과거에 비해 상대적으로 많아졌다. 결국 이들은 이 사회가 권장해 왔던 유한 게임에 변수가 생겼음을, 알고 보니 그 게임만이 전부가 아니라는 걸 알아차린 게 아닐까 생각한다. 그렇다면 어쩔 줄 몰라 가만히 서 있기보다 한 발이라도 빠르게 내딛기로 결정하는 것이 나을 것이다. 그들의 이런 판단은 자연스럽고 합리적이다. **저마다 게임의 규칙을 다시 찾아가는 요즘, 온라인 디폴트는 이 세대가 '내몰렸다'에 머물지 않고 '내디뎠다'로 이행하는 게임 그 자체로 다가온다.**

이기적인 게 아니라 보수적인 것

화면의 가르침과 세계관은 아이들의 내밀한 사고방식까지 파고든다. 「Z세대는 사랑과 섹스에 더 실용적일까?」라는 《BBC》 기사에 따르면, Z세대는 인간관계를 낭만보다 현실로 바라본다.[50] 인간은 생애 시기마다 욕구가 다르고, 이를 충족시켜 줄 파트너가 매번 다를 수 있다고 인지한다. 그래서 Z세대는 독점적인 관계나 고정된 성정체성을 지양한다는 분석이다.

Z세대 500명을 대상으로 진행된 '바이스 미디어 그룹(Vice Media Group)'의 내부 연구 결과, Z세대 응답자 절반이 "한 사람에게 전념하면서도 다른 옵션을 열어두고 싶다"라고 응답했다.[51] 또 다른 설문에선 응답자의 66퍼센트가 "모든 인간관계는 영구적이지 않을 것"이라 답했다.[52] 전통적인 가치를 부정한다기보단 누구나 완벽히 그 기

준에 부합하며 살아갈 순 없다고 인정하는 것과 같다.

이러한 시각차의 원인으로 두 가지가 거론됐다. **인터넷, 그리고 불확실성**이다. 인터넷은 위에 거론된 고정관념들이 얼마든지 흔들리고 깨지기 쉬운지 적나라하게 보여주는 거대한 장이다. 온라인 디폴트의 세계는 아이들에게 꼭 그렇게 살 필요는 없다고, 지금과 다르게 살 수 있다고도 손짓한다. 한편에선 팬데믹, 기후 위기, 전쟁, 인플레이션 등등 사회 전반적으로 불확실성이 커지는 상황이다. 오죽하면 영국 콜린스 사전에는 2022년 올해의 단어로 'Permacrisis(영구적 위기)'라는 학술 용어가 선정되었을 정도다.[53] '영구적인'을 뜻하는 단어 permanent와 '위기'를 뜻하는 단어 crisis가 합쳐진 전문용어다. 불안정과 불안이 지속되는 시대적 상황을 가리키고 있는 것이다.

이런 시대적 흐름 속에서 Z세대의 성향은 위험회피와 안정추구형에 가까운 것으로 분류된다. 여기서 거론되는 '위험'과 '안정'의 결이 약간 다르다. 원래 안정은 예측가능한 길을 걸어가는 것이고, 위험은 예측할 수 없는 모험을 하는 것이다. 예측가능한 길은 대체로 누군가 이미 걸어본 길이며, 그래서 프로세스와 아웃풋(output, 결과)을 예상할 수 있는 경로다. 허나 '영구적 위기'로 표현되는 현재에는 예측가능성 자체가 희소해진다. 예전의 성공 방정식이 지금도 유효할지 예측할 수 없게 돼버렸다. 차라리 내가 직접 부딪쳐 빠르게 상황을 파악하고 혹시 닥칠 위험을 피부로 감지하려 한다. 그게 오히려 안전하다고 느끼는 부류가 나타난 것이다.

그래서 같은 세대에서도 복합적인 반응이 나온다. '잡플래닛'에 따르면 Z세대는 X세대보다 일에 관해 보수적인 태도를 취하기도 한다.[54] "자신이 좋아하는 일을 하기보다는 안정적이고 남들이 인정하는 좋은 직장에 입사하는 게 우선인가"라는 질문에 가장 많은 응답자가 '아니다'라고 답한 쪽은 X세대(62.8퍼센트)였다. Z세대는 57퍼센트만이 '아니다'라고 답해 가장 낮은 비율을 기록했다. 또 Z세대는 다른 세대에 비해 연봉을 중시한다거나 개인의 성과를 기준으로 성과 평가를 해야 한다고도 강조하는 보수적인 면모를 보이기도 했다. 이런 보수성에서 **불확실한 세계에 대한 이 세대의 민감한 인식과 두려움**을 느끼는 일은 그리 어렵지 않다. 결국 "요즘 애들은 자기만 안다"라는 비난의 이면에는 그들이 그 누구보다도 안정성과 공정성을 강력하게 추구하는 경향이 스며 있다. 이런 경향을 **그들 나름의 불확실성에 대한 방어태세**라고 되짚어 볼 수 있는 것이다.

보수성은 우리가 생각하는 형태와 다소 다르게 드러나기도 한다. 『Z세대는 그런 게 아니고』의 저자 고승연 연구원은 "Z세대가 기존 관행을 깨는 혁신을 보이는 동시에 보수성도 지니고 있다"라고 설명한다.[55] 비슷한 시기의 이전 세대보다 일탈 행위는 줄었고, 경제관념은 철저해졌다. 1990년대생이 "위험회피의 세대"로 정착했다는 서울시립대 융합전공학부 빅데이터 전공 윤호영 객원교수의 코멘트가 떠오른다.[56] 많은 전문가들에 따르면, Z세대는 창조적인 동시에 무기력하다. 이 세대에겐 종종 이기적이고 계산적이고 의욕이 없다는 낙인이 찍힌다. 그런데 당연하지 않을까. 게임에서도 자원이 부족하면 일단 주변 탐색하면서 자원부터 모은 후 기지를 세운다. **화면은 그들의 보수성에 여러 선택지를 줬다. 덕분에 능동적이고 주체적이지만 보수적인 계획을 세워 이행할 따름이다.**

게임과 함께 성장하는 세대

비디오 게임이 등장한 이래 게임은 이 사회와 함께 성장해 왔다. 더불어 게이머가 게임을 하는 목적도 다변화했다. 특히 아이들에겐 학교에서 사귄 친구와 온라인에서 함께 시간을 보내고, 혹은 온라인으로 인간관계를 쌓는 가장 중요한 소셜플랫폼으로 게임이 손꼽힌다, 인터넷쇼핑마저 생소했던 시기부터 게임은 온오프라인에서 금전 거래를 일으키는 대표적인 사이버 공간이었다. 이후 기술과 생태계 발전이 더해지면서 실제로 경제 시스템이 게임에 결합하기에 이르렀다. 팬데믹 이후 더더욱 게임은 삶을 담게 되었다. **게임이라는 화면에서 인생의 중요한 순간들을 맞이했던 젊은 세대에게 게임은 '게임'이라는 단어에 다 담을 수 없는 귀중한 장르, 자기 인생의 중요한 매체가 됐다고 말할 수 있겠다.**

나아가 게임은 인생을 살아가는 방식 혹은 태도와 연계되기도 한다. 게임식으로 살아가는 이들은 어떤 전략으로 게임을 플레이할지, 무슨 퀘스트부터 완수할지, 혹은 목표가 없는 허허벌판에서 혼자 혹은 다른 게이머들과 같이 어떤 시간을 보낼지 결정하며 삶의 일부를 경험한다. 11년 차 미국 메이저리그 투수가 경기 전날에 야구 PC 게임으로 사전 시뮬레이션을 하고 있는 게 엄연한 현실이다. 스페이스X, 테슬라의 창업자 일론 머스크(Elon Musk)는 게임을 통해 휴식과 '플레이력'을 취한 후 사업 현장으로 복귀한다고 말한다.[57] 이런 일화가 어색하지 않다니, 게임은 목표를 세우고 이루거나 삶의 모습을 재현하는 체험의 화면으로서 주목받아 마땅하다.

"e스포츠가 스포츠인가"라는 질문에 T1 소속의 페이커(Faker) 이상혁 선수는 이렇게 말한 바 있다. 몸을 움직여 활동하는 게 기존의 스포츠 관념이지만, "그보다 중요한 건 경기를 준비하고 게임을 하는 과정이 많은 사람들에게 좋은 영향을 끼치고, 경쟁하는 모습이 영감을 일으킨다면 스포츠로서 가장 중요한 의미를 가진다"라고.[58] 게임은 게임이지만, 어떤 게임을 하느냐에 따라 그 경험치와 파급력은 상상을 초월한다는 의미다. 게임은 질병이 아니다라는 분위기로 사회가 크게 선회했더라도 여전히 게임의 가능성에 대한 재평가가 가능하다. **게임은 고정돼 있지 않은, 이 세상에 전면적인 파급을 미치며 발전하는 키워드다.**

3장의 내용을 정리해 보자. 게임을 빼놓고 지금의 사회를 안다고 말할 수 있을까. 특히나 젊은 세대를 이해하고 그들이 살아갈 미래를 함께 고민하는 데 '게임'은 빠질 수 없는 요소다. 게임 길드와 같은 사회적 상호작용부터 몰입에 대한 설계, 기술적 시도까지 게임이라는 미디어는 항상 화면이 담을 수 있는 경험의 최첨단에 있었기 때문이다. 그러니 온라인 디폴트가 라이프스타일의 근간이 될수록 게임은 그중에서도 가장 "긴급하게 다뤄져야 할 영역"으로 인식될 것이다.[59] 게임에 대한 시야를 넓힐 때 비로소 아이들의 화면 속에서 무슨 일이 벌어지는지 바로 볼 수 있다. 제대로 된 대화는 거기서부터 시작된다.

4장 화면은 외로움을 조장하는가?

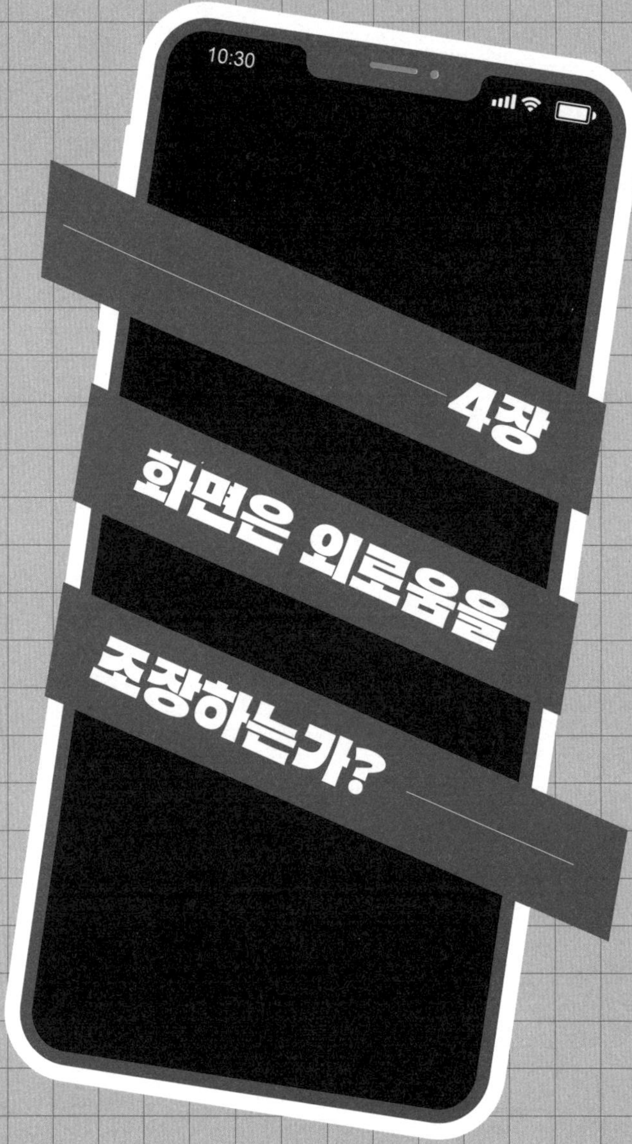

기이한 친족 만들기

'화면은 외로움을 조장한다.' 오늘날의 시대정신이다. 주로 화면을 통해 소통했던 팬데믹 이후 얼굴 표정 읽는 걸 어려워하는 아이들이 부쩍 늘어났다고 한다.[1] 나사(NASA)에서 오래 일하고 미국 오하이오대에서 학생들을 가르치는 조안 베르니코스(Joan Vernikos)는 자신의 책 『움직임에 중력을 더하라(Designed to Move)』에서 장시간 앉아서 전자 스크린만 응시하는 행동이 "다른 사람들과 감정적으로 교류하지 않고 세상 사람들과 지적으로 교류하지 않으며 아무 생각 없이 화면만 보거나 이리저리 옮겨 다니며 여러 가지 일을 동시에 처리하는" 식이라고 통렬하게 비판했다.[2] 여러모로 바보상자가 확장에 확장을 거듭한다는 것이다.

노트앱 '에버노트'를 만든 창업자 필 리빈(Phil Libin)도 비슷한 이야기를 했다. 리빈은 베르니코스와는 약간 다르게 현실을 비판적으로 바라보았다. 스타트업 미디어《EO》와의 인터뷰에서 그는 오늘날 '의사소통의 실패'가 일어나고 있다고 짚었다.[3] 세상의 거의 모든 갈등이 이로부터 비롯되지만 이게 새로운 문제는 아니며, 특히 코로나 이후 화상 소통이 늘어나면서 이 문제가 심화되었다는 문제의식이었다. 그는 '사람들이 누군가를 만날 수 없는 시기'였기 때문에 평평한 전자 스크린에서 멀뚱멀뚱 서로 바라보는 상황이 면대면 소통을 대체하는 차선책이었다고 꼬집었다.

그렇다면 이들의 말에 따라 사람들의 고립과 갈등을 초래하는 화면 속의 세계를 멀리하고 경시해야 옳은 걸까. 이에 대해선 여러 반문이 가능할 것이다. 사람들의 소통은 오로지 '직접 만나는' 것만이 전부일까? 우리는 화면 안에서보다 현실에서 덜 외롭다고 단언할 수 있을까? 물론 커뮤니케이션의 위계에서 그 어떤 형태보다도 얼굴을 보고 소통하는 것이 강력하다는 걸 동의한다. 인간의 본체는 물리적으로 존재하니까. 하지만 그렇다 해서 '화면은 무조건 수동적'이라는 주장에는 선뜻 마음이 가지 않는다. 화면은 외로움만 조장하는 게 아니다. 우리는, 그중에서도 이미 화면과 함께 자라온 젊은 세대는 **화면의 양면성**을 직관적으로 이해하고 있다.

"언니. 요즘 임신부들은 오픈채팅방으로 만나." 아이를 품게 됐다는 친구의 소식에 오랜만에 만난 자리에서 의외의 단어를 들었다. 널리 쓰이는 간편송금 앱도 '굳이 그렇게까지 편리해야 하는지 모르겠다'면서 쓰기 꺼려했던 친구 B는 임신을 하고서 오픈채팅방을 애용한다고 전했다. 새로 이사간 집 근처에 사는 초면의 임신부끼리 만나는 채팅 채널이 있기 때문이었다. 온라인으로 모인 사람들은 금세 공감대를 형성했고, 이윽고 오프라인에서도 종종 마주앉는 사이가 됐다고 한다. 아기 용품을 나누기도 하고, 임신부의 고충과 정보 교환을 하며 친구 B는 완전히 새로운 인간관계를 만들고 있었다.

중학교 때부터 알고 지낸 친구는 또 다른 경로로 온라인 친구를 만들었다. 그는 "나 당근으로 중고 거래 하다가 필라테스 친구 만들었는데…"라면서 자기 이야기를 풀어주었다. 전말은 이랬다. 처음에는 중고 거래 앱을 통해 동네에서 종종 오래된 물건을 내다 파는 재미가 쏠쏠했던 친구였다. 녀석은 필라테스 자격증을 준비하면서 함께 의지를 북돋울 '운동 메이트'가 필요했다. 하지만 필라테스 학원이나 스튜디오가 아니고서야 평소에 특정 운동에 관해 고민을 나누거나 시간을 맞출 지인을 찾기란 쉽지 않았다. 그러다가 중고 거래를 하던 그 앱에 '동네 필라테스 친구'를 찾는 게시물을 올렸고, 이제는 둘도 없이 절친한 운동 친구를 사귀었다고 했다.

그뿐이랴. 몇 년 전 나는 한창 남편과 '포켓몬고'라는 게임에 열중했다. 포켓몬고는 GPS를 연결하고서 실제로 바깥을 돌아다니면서 화면상 지도에 표시된 포켓몬을 잡거나 악당과 대결하는 게임이다. 내가 그 게임에 입문했다고 하니 평소 알고 지내던 한 PD님이 종무식 때 조용히 다가와 게임 아이템을 나눠주기도 했다. 나아가 이 게임을 통해 주변 지인은 물론 오프라인에선 전혀 모르는 사람과도 자주 마주칠 수 있던 건 흥미로운 경험이었다. 특정 시간대에 게임에 등장하는 전설의 포켓몬을 잡기 위해 공원에 갔다가 초등학교 저학년부터 중년 게이머까지 한데 모여 화면으로 포켓몬을 함께 공략하는 진풍경을 보는 건 다반사였다. 이들 중에는 메신저 혹은 포털 카페에서 약속을 잡고 삼삼오오 모여든 무리도 있었다. 다 함께 희귀 포켓몬을 잡기 위해 이동하면서 생면부지인 남과 단단한 공통분모가 형성됐음을 느꼈다.

화면은 외로움을 조장하는가. 우리는 거기에서 오로지 산만하고 수준이 낮으며 수동적인 소통밖에 할 수 없는가. 그렇지 않다. **화면과 함께 성장한 세대라면 대번에 알 수 있다. 화면 속에서도 사람들과 연결될 수 있으며, 때로는 오프라인에서보다 훨씬 마음이 잘 맞는 인간관계를 구축할 수 있다는 것을.** 그래서 오늘날 온라인 화면은 바보상자의 확장판이면서도 전에 없던 사회적 연결망의 역할을 톡톡히 수행한다. 이러한 양면성을 이해할 때 비로소 지금 젊은 세대가 왜 화면에 천착하는지, 화면은 이들의 마음을 어떻게 채워주는지 납득할 수 있다. **화면은 아이들에게 소속감과 정체성을 부여하는 '특이한 친족 만들기'의 장이 되고 있다.**

화면이라서 외롭지 않아

자신과 결이 비슷한 사람을 찾는 데 화면만큼 좋은 창구도 드물 것이다. 다시 개인적인 이야기를 하자면, 나는 20대 초반에 '글쓰기'를 주제로 운영됐던 페이스북 그룹에서 참으로 다양한 인간군상을 만났다. 주변에서는 볼 수 없었던 새로운 직군의 사람들과 마주했다. 그중에서 몇몇 사람들은 친구가 돼 온라인으로, 오프라인으로 꾸준히 소식을 전하는 지인이 됐고, 이제는 인연이 오래 이어져 함께 해외여행을 가는 사이로 발전하기도 했다. 주변 사람들은 놀란다. “두 사람이 어떻게 아는 사이야?” 거의 10년 전부터 온라인으로 알고 만나왔다는 데서 그들은 두 번 놀란다.

그중에 으뜸은 아마도 처음 보는 사이에서 연인으로, 지금은 부부로 발전한 내 남편과의 관계가 아닐까 싶다. 남편과 나는 나고 자란 지역도, 가족 분위기도, 그 어떤 접점도 없었지만 ‘화면을 통해’ 만날 수 있었다. 비슷한 결의 사람을 찾아 탐색하고, 교류하다가 평생의 반려자가 된 셈이다. 우리의 결혼식에 발걸음을 해준 이들은 오프라인에서 쌓은 우정뿐만 아니라 온라인에서 시작된 인연이 다수였다. 결혼식 사회도, 축가도 글쓰기 그룹에서 만난 사람들이 도맡아주었다.

이처럼 화면은 ‘주어진 관계’에서 ‘찾아낸 관계’로 소통의 범주를 넓힌다. 과거에는 내가 태어난 이 땅의 나를 에워싼 사람들 틈바구니에서 ‘그들과 동질한 인간’이 되거나 ‘부적응자’가 되어야 하는 양자택일의 기로에 섰다. 이걸 탈피하기 위해 인간은 수직으로(‘계급’), 수평으로(‘이주’) 부지런히 이동해 왔다. 지금은? 오프라인에서는 도저히 찾기 힘들었던, 그러나 분명 내가 동질감을 느끼고 인간적인 유대를 맺기 원하는 타인과 적극적으로 연결될 수 있다. 중요한 통계 자료가 있다. 2022년 카카오톡 사용량의 최대 40퍼센트가 오픈채팅이었다는 게 그것이다.[4] 10대(게임, 팬덤), 20대(학교, 취업, 뷰티, 패션), 30대(결혼, 투자)마다 카카오톡 오픈채팅을 이용하는 관심사와 키워드도 다양했다. 그만큼 세계관을 공유하는 커뮤니티가 화면 안의 세상을 통해 늘어나는 양상이다.

팬데믹으로 야외 활동에 제약이 있었던 시기에 '제페토'라는 메타버스 플랫폼은 10대들이 빠르게 온라인으로 친구를 사귀는 공간의 전형을 보여줬다.[5] 거기서 이용자들은 3D로 만들어진 다양한 가상 공간을 돌아다니다가 새로운 친구를 사귈 수 있다. 새 친구와 좀 더 친해지면 (마치 소꿉놀이같이) 여러 종류의 상황극 놀이를 구성한다. 소위 '반말 모드'(반모)를 시작하면서 친분을 강화하기도 한다.[6] 서로 합이 맞는 친구끼리는 메신저 아이디를 교환해 다른 플랫폼에서도 교류를 이어갈 수 있다. 이렇게 자신과 결이 맞는 사람을 온라인에서 찾고, 발견하고, 연결되는 경험이 자연히 증가하는 모습이다.

이처럼 젊은 세대에게 '찾아낸 관계'는 여러모로 퍽 자연스러워졌다. 그들은 화면을 가로지르며 자신의 준거집단을 찾거나 형성하는 모습을 보인다. 실제로 나는 틱톡에서 친해진 10대 아이들끼리 모인 오픈채팅방에 낀 적이 있었다. 아이들은 자신들이 좋아하는 공통분모에 대한 대화를 주로 나누다가도 의견 불일치나 오해로 싸우길 반복했다. 채팅방 퇴장과 재입장이 이어졌다. 그러다가도 개인톡으로 화해하고 수습하는 것이 학교에서 친구와 다투고 친해지는 과정과 비슷했다. 얼굴 한번 본 적 없지만 그들은 비슷한 공간에서 무언가 공유하는 관계를 '친구'로 분류하고 있었다.

그러니 부모 입장에서 자기 아이를 자기보다 더 잘 아는 건 알고리즘만이 아니다. **어른들 눈에 소위 진짜 친구가 아닐지라도 공감대를 형성한 "모르는 사람들"이 젊은 세대에게는 진짜 소속감을 주기도 한다.** 아이들은 일찍이 '나'라는 경계를 만들고 확장하면서 내가 공감하는, 혹은 공통 경험을 공유하는 범주를 재조립한다. 그 가운데 더

애착이 가는 커뮤니티가 생긴다면 거기서 기거하며 공통 서사를 쌓아올린다. 공감 대상이 다각화했다는 뜻이다. 동네, 또래, 가족, 종교 등 기성의 커뮤니티가 아니라 온라인에서 기원한 커뮤니티를 겪어본 사람은 안다. 때론 징글징글하지만, 그런 덕분에 '나만 그런 게 아니다'라는 위안을 얻는다는 걸. 화면은 여러모로 사회성의 요람으로 자리 잡았다.

초개인화와 세계화의 연결망

'나는 지금 내게 주어진 것의 총합, 그 이상일 수 있다.' 이것이 화면이 아이들에게 알려주는 중요한 진실일 것이다. 이른 나이부터 내 화면을 갖고 내 세상을 고민하는 젊은 세대에게 화면은 드러나지 않은 나 자신을 드러내는, 그럼으로써 타인과 연결될 수 있는 가능성을 제공한다. 그들에게 화면은 '나'라는 선명한 자의식과 적은 비용으로 여러 액션을 실행해볼 수 있는 환경이며, 게임식으로 다져진(!) 플레이 역량은 주변에 없는 관계도 찾아내 그로부터 '나'를 길어 올리는 작업으로 연계된다. **여기에 더해 화면은 개인 맞춤의 성지로, 언어 장벽마저 손쉽게 뛰어넘을 수 있는 세계화의 연결망으로 고도화했다. '찾아낸 관계'의 정확도와 진입장벽을 한결 낮췄다.**

서울대 보건대학원의 조영태 교수는 JTBC 〈차이나는 클라스〉에서 Z세대의 특징 중 하나로 '글로벌화'를 꼽았다.[7] 그는 이렇게 짚었다. "실제로 국제화한 세상을 처음부터 살아본 세대는 Z세대부터다.

상대적으로 (국적과 무관하게 서로) 공통 경험이 훨씬 많다. 그래서 젊은 세대는 기후위기, 흑인 인권 운동(BLM, Black Lives Matter) 같은 국제 이슈를 남의 일로 생각하지 않는 경향을 보인다." 조영태 교수의 통찰력 있는 지적처럼, 과거에는 서로 다른 국가에 사는 것만으로도 누군가와 조우할 확률이 희박했다. 하지만 지금은 다른 국적이라도 닮은 꼴이 될 확률이 아주 높아진 게 사실이다. K팝, 아니메 등 콘텐츠와 취향을 공유하는 **범지구적인 공감대**가 대표적인 예시다.

눈, 코, 입처럼 보이는 바위 덩어리에서도 사람의 형상을 찾아내는 인간 고유의 특성은 화면의 광범위한 연결망을 만나 극대화한다. 화면의 세계에 익숙한 세대는 의도적으로 찾아냈든 알고리즘이 찾아줬든 나의 바운더리에 들어올 수 있는 대화창을 금세 발견할 수 있다. 예컨대 'MBTI별 짝사랑 행동 적고 가라'는 게시글에는 온갖 유형의 MBTI 사람들이 모인다. 각 성격별 짝사랑 스토리를 구경하고 고개를 끄덕인다. 나랑 같은 유형이면 그런대로, 아니면 아닌 대로 그 온라인의 글과 댓글에서 내 히스토리를 이해함과 동시에 나만 이상한 게 아니라는 공통분모를 재확인한다. **가상이 현실에 주는 연결감의 향연**이다.

꼭 MBTI처럼 대중적이어야 할 필요도 없다. '독단적인 잠에서 깨어난 칸트처럼 공부하는 플레이리스트'[8]라는 제목을 들어본 적 있는가. 우연히 그런 게시물이 내 유튜브 추천 피드에 떴다. 맑은 눈의 칸트가 대문 사진에 걸려 있었다. 도대체 이게 뭔가 싶어 호기심에 영상을 클릭했다. 한글도, 영어도 아닌 문자들이 댓글 창에 가득했다. 이방인들의 대화를 자동 번역을 해 읽어 내렸다. 어느 나라의 사람이든 다들 할일을 미루며 고충을 털어놓는다는 점에서 닮아 있었다. 그러다가 한국인 댓글을 조우했다. 댓글을 쓴 이는 "생윤 시험 본 사람 모여라"라며 한국인을 찾고 있었다. 막 '생활과 윤리' 과목 시험을 치른 학생 같았다.

화면 속 세계는 개인화를 지향해 왔다. 저런 제목이 붙은 유튜브 음악 플레이리스트 영상은 나와 비슷한 관심사나 고민을 가진 사람들에게 노출됐을 것이다. 그들의 얼굴도, 국적도, 그 무엇도 정확히 알지 못하지만 한 가지, 평소에 플레이리스트 영상을 즐겨 들으며 저런 제목에 흥미를 느낀다는 점은 분명하다. **동류(同流)의 흐름**이 바로 거기에 있었다. 자신과 동류인 사람을 발견하고, 거기서 나와 공명할 수 있는 사람을 일단 호명해 보는 게 온라인에선 가능하다. 내 주변이었다면 '생윤 시험을 망친 친구들'쯤에 한정됐을 공명이 생뚱맞게 화면에서, '전국의 생윤 시험 망한 유저'로 연결될 수 있다. 실제로 댓글 창에는 생윤 시험을 본 한국인 몇몇이 짧은 대화를 나눈 흔적이 있었다.

이쯤 되면 오프라인인지, 온라인인지 나누고 겨루는 것은 무의미해진다. 화면 안팎을 가리지 않고 사람들은 자신이 듣고 싶은, 공유하고 싶은 최적의 이야기를 찾고 있을 따름이다. 기성세대의 전통적인 관점에 따라 학생들이나 젊은 사람들이 '외로움에 사무쳐서' 그렇다고 단정할 순 없다. 그저 공감대에 연결되면 즐겁고, 내가 원하던 커뮤니티와 잠깐이라도 마주치면 기운을 얻으니 화면에서도 연결망을 찾는 것이다. 화면은 비록 면대면으로 만나 커뮤니케이션을 하는 것에 비해 물리적인 혹은 심리적인 밀도는 미미할 수 있으나,

대신에 **연결의 효율성과 정확도**로 사람들을 매료한다. 아이들이 거기서 심심풀이든 크나큰 위로든 생각과 마음을 나눌 수 있는 '공기(air)'를 찾을 수만 있다면 어떠랴.

학교를 파하고서는 다른 어딘가에 가야만 만날 수 있었던 친구들을 방과 후에도, 혹은 가상으로도 만나려는 게 사람의 본성이 아닐까. 물론 화면의 비중은 그때그때 달라진다. 친구들과 더는 제페토 서비스에서 만나지 않게 되자 본인도 "제페토 졸업했다"라고 표현하는 아이를 예로 들 수 있다. 다만 놀이터에서만 할 수 있는 놀이가 있듯 화면으로만 나눌 수 있는 시간이 있다. 그 시간을 향유할 수 있는 것은 나이의 문제가 아니다. **자신에게 소중한 온라인 관계를 찾아낼 수 있었던 경험의 여부에 따라 화면 속 세상은 본인의 기록과 관계로 얽혀 있는 세계가 된다.** 내가 나와 평생을 함께할 반려자를 거기에서 찾은 것처럼 말이다. 그런 경험이 쌓이면 사회적 동물인 인간은 화면에 자석처럼 끌리지 않을 수 없다.

또 다른 정체성, 마음의 자전거

사회적인 연결은 외로움을 달래는 것, 그 이상의 의미를 갖는다. 이를 잘 보여주는 스토리가 있다. 태어나면서부터 유전병을 앓던 금발머리 소년 매츠 스틴은 근육이 점점 퇴화한 탓에 집 밖으로 나가기 어려웠다. 의사는 그가 스무 살을 넘기기 어려울 것이라 내다봤다. 그런 아들을 위해 부모님은 컴퓨터를 선물했다. 마음껏 게임을 하며

최대한 세상을 누비라는 뜻이었다. 매츠는 하루 종일 게임에 매진하다가 20대 중반에 세상을 떠났다.[9]

아들이 죽은 후 유품을 정리하던 매츠의 아버지는 놀라운 사실을 발견했다. 매츠에게는 또 다른 이름이 있었다. 이벨린 레드무어 혹은 제롬 워커. 게임 '월드 오브 워크래프트(WoW, World of Warcraft)' 캐릭터로 살며 길드에서 활동했던 것이다. 그의 블로그까지 포함하니 매츠의 인간관계는 예상했던 것보다 훨씬 넓었다. 아버지는 이 온라인 친구들에게도 아들의 부고를 전했다. 그러자 매츠의 길드원들은 직접 모금을 해서 노르웨이에서 열리는 매츠의 장례식까지 찾아왔다.[10] 가상으로 만난 한 사람을 추모하기 위해 화면 속 사람들은 게임에서 따로 추모식을 열었다.

"매츠 덕분에 물리적인 경계를 넘어 전 세계 사람들의 삶이 풍요로워졌다." 실제로 매츠의 블로그에 가보면 생전에 그가 게임에서 어떻게 지내왔고, 그 가상세계를 어떻게 지칭했는지 알 수 있다.[11] 매츠에게 게임 캐릭터인 이벨린 레드무어와 제롬 워커는 "나의 또 다른 모습이자 나 자신의 확장판(expansions of myself, different parts of me)"이었다. 집에서 늘 마주 보던 모니터는 그가 세상으로 나가는 대문 중 하나였다. **"이건 단순히 화면(screen)이 아니다. 마음이 원하는 어디로든 갈 수 있는 관문(gateway)이다."**[12]

이 일화를 접하고 얼마 지나지 않아서 우연히 인터뷰 영상 하나를 봤다. 애플의 창업자 스티브 잡스(Steve Jobs)가 1990년대에 했던 TV 인터뷰였다.[13] 영상에서 잡스는 PC와 인터넷이 가져올 근본적인 변화에 대해 열거했다. 그는 사람들이 서로 멀리 떨어져 있거나 한 번도 본 적 없는 사이더라도 연결될 수 있을 것이며, "전자회사"도 생길 것이라면서, "사람들이 온라인으로도 충분히 함께 일할 수 있는 시대"가 열린다는 주장도 더했다. 그러면서 **"컴퓨터는 마음의 자전거(bicycle of mind)다"**라는 유명한 명언을 남겼다.

어째서 잡스는 '마음의 자전거'라는 표현을 썼을까? 잡스가 열두 살이 됐을 무렵 한 신문 기사를 읽었다. 지구상 모든 종의 운동 효율성을 측정할 경우 인간은 그다지 효율적이지 않은 동물이지만, 자전거를 탄 인간은 다르다는 내용이었다. 인간은 자전거를 타면 콘도르(condor, 맹금류)보다 훨씬 효율적으로 움직일 수 있다. 어린 잡스의 뇌리에 남은 기사였고, 그에게 "인간은 도구를 만드는 종(species)"이라는 인상을 주기에 충분했다. 잡스는 자전거에 대한 그 기사를 읽고서 상상했다. 도구를 만들고 활용해 타고난 역량을 급진적으로 끌어올리는 인류를.

그렇게 완성된 "컴퓨터는 마음의 자전거"라는 구절에서 매츠 스틴의 블로그가 겹쳐 보였다. 그리하여 화면은 우리들의 사회적인 연결은 물론 과거에는 불가능했던 **인간의 새로운 정체성**을 부여하고 있는 게 아닐까. 일본 도쿄에 있는 카페 'DAWN'에는 체구가 작은 하얀 로봇들이 일한다. 매장을 누비며 서빙을 하는 이 로봇들은 직원들의 아바타다. 장애인 직원들이 재택근무를 하면서 원격으로 로봇을 조종한다. 도쿄에서 800km 떨어져 있는 히로시마에 사는 이마이 미치오 씨도 이 카페에서 일하는 장애인 직원 중 한 명이다. 늘 노동을 통해 세상에 기여하고 싶었다는 그는 매체 인터뷰에서 (아바타를 통해) 사회의 일원이 돼 기쁘다고 소회를 밝혔다.[14] 그는 이미 마음의 자전거를 힘껏 밟고 있었다.

인간은 본디 타인과의 관계를 통해 자신의 정체성을 확립한다. 얼마나 자유로이, 다채롭게 세상과 관계를 맺느냐에 따라 한 명의 개인 안에도 여러 정체성이 깃들 수 있다. 그런 가운데 화면은 여러 정체성의 가능성을 여는, '마음이 향하는 관문'의 역할을 해 왔다. 화면 안에 크고 작은 커뮤니티가 생기고, 화면이 사람과 사람 사이를 연결하는 방식이 발전하면서 한 사람이 셈할 수 있는 '찾아낸 관계'의 가짓수도 늘어났다. 그저 기사나 책에 한 줄 언급되고 마는 케이스가 아니라 화면을 통해 누군가의 인생이 바뀌는 경험이 생겨난다는 의미다. **마음의 자전거는 무리 속에서 자신의 좌표를 구하는 인간에게 지금과는 다른 방식의 '자기이해'를 선사하고 있다.**

"세상을 더 나은 곳으로 만들 수 있다"

"클릭하는 순간 사회운동이 시작된다." 2015년 『Z세대, 대학에 가다(Generation Z Goes to College)』라는 책을 펴낸 메건 그레이스(Meghan Grace)와 코리 지밀러(Corey Seemiller)는 수년간 십수만 명 이상의 학생들을 만났다. 이들이 연구해 온 Z세대는 흔히 개인과 정체성을 중시하고, 변동성이 큰 경제 시스템과 기술의 급격한 발전을 마주한 세대라고 묘사된다. 여기에 더해 연구자들은 이전 세대와 다른 특징이 하나 더 있다고 봤다. **이들은 '행동'하길 원한다. 자기 발견에 더해 변화를 일으키는 사회 참여에 적극적으로 임하는 모습을 지향한다.**[15]

한 Z세대 학생은 저자들에게 이렇게 말했다고 한다. "우리 세대는 기술에 밝고 혁신적인 면모를 갖고 있다." 그러므로 지금까지는 잘 풀리지 않았던 서로 다른 문제에 대한 솔루션을 만들 수 있을 것이라는 낙관적인 시각을 갖고 있었다.[16] 다른 인터뷰에서도 비슷한 코멘트가 들려왔다. 젊은 세대는 자신이 "환경이 만들어낸 수동적인 존재가 아니라 흐름을 좌우할 의지를 가진, 사회의 능동적인 일원"이라고 지칭했다.[17] 세상이 바뀌길 기다리지 않고 더 나은 세상으로, 자신의 삶으로 만들어가겠다는 의지를 드러내는 식이었다.

이들의 욕망은 일신의 안위에 국한하지 않는다. 자신을, 주변을, 사회를 변화시키려 하고, 이를 자신이 더 낫다고 믿는 방향으로 이끌면서 전진하고자 한다. 단적으로, 그레이스와 지밀러의 연구에 따르면 Z세대는 매주 5시간씩 저소득 및 소외계층을 위해 시장에 유통되지 않은 식품을 기부하는 푸드뱅크에서 단기 자원봉사를 하는 것보다, 기아 문제를 해결하기 위한 이니셔티브(initiative, 특정 문제 해결을 위한 자발적, 총괄적인 프로젝트)를 구축해 거기에 종사하는 걸 선호하는 것으로 나타났다. 전 지구적인 문제의 해결에 기여해 장기적으로, 또 궁극적으로 하나의 '임팩트'를 남기길 원한다는 것이다. 여기에 적극적으로 기술을 동원하는 것 또한 그들의 두드러지는 특징이다.

2020년 토마 베작(Toma Beczak) 페이스북 글로벌 콘텐츠 전략 담당자는 **"Z세대는 스스로 세상을 더 나은 곳으로 바꾸고 싶어 하고 그렇게 할 것이라고 믿는다"**라고 설명한 바 있다.[18] 이를 위해 이 세대는 화면을 적극적으로 차용한다. 해시태그를 통해 사회적 문제에 목소리를 높이고 여기에 손을 보태는 숫자를 늘린다. 문제해결을 촉구하는 현장 시위에 직접 참가하기도 한다. 현장 사진을 다시 온라인에 올려 관심을 촉구하고 지지층을 가시화한다. 3장에서 인용한 'WP 엔진'의 설문조사에서도 Z세대 응답자의 64퍼센트는 '인터넷을 통해 좋은 영향력을 끼칠 수 있다'고 답했다.[19] 베이비부머 세대(46퍼센트)에 비해 확실히 긍정적이라는 걸 알 수 있다. 이처럼 지금의 N세대는 화면을 활용해 적극적으로 화면 안팎의 세상을 개선하고자 하는, 행동하는 경향을 보인다.

온라인은 연대의 공간이 되고

화면 속에서 관계를 찾아내는 이들에게 온라인은 충분히 연대의 장소가 될 수 있다. 팬데믹 시기에 이뤄졌던 스타벅스코리아 직원들의 트럭 시위를 하나의 예시로 볼 수 있다.[20] '트럭 시위'는 아이돌 팬덤이나 게임 유저가 항의의 목적으로 피켓 전광판을 단 트럭을 활용하는 방식이다. 2021년 스타벅스코리아 직원들이 이를 차용하면서 화제가 됐다. 스타벅스 파트너로 불리는 직원들이 현장에서 과로에 시달리는 와중에 본사에서 마케팅을 밀어붙여 매장이 손님으로 미어터지는 악순환이 반복된다는 문제제기를 트럭 시위와 접목한 것이다.

놀랍게도 해당 시위는 2030 직장인들이 주로 쓰는 소셜 플랫폼 블라인드에서 논의되기 시작했다. 일명 '총대 3인'이 익명으로 트럭 시위를 준비했고, 330만 원이 모금돼 트럭 두 대를 빌렸다. 스타벅스코리아가 한국에 상륙한 이래 22년 만에 첫 단체행동이었다. 최초의 연대가 온라인에서 비롯된 것이다. '#스타벅스파트너는_일회용소모품이_아닙니다'라는 해시태그와 함께 진행된 트럭 시위 이후 실제로 사측으로부터 개선책을 받아내는 등의 성과가 있었다. 화면 속에서 공통의 문제의식을 가진 관계를 찾아낸 끝에 이들은 상황을 바로잡을 수 있었다.

이뿐 아니다. **화면 속 세상은 온라인에서 뭉쳐 오프라인의 문제를 해결하는 걸 넘어, 연대의 기억과 반성을 기록으로 남기는 관문으로도 기능한다.** 이와 관련해서 2018년 가수 방탄소년단(BTS)의 팬덤에서 자발적으로 제작한 『티셔츠 한 장의 영향력: 방탄소년단, 디지털 세상에서 정치를 만나다』 백서도 인상적인 결과물이었다.[21]

사건의 발단은 이랬다. 그해 11월 일본 방송국에 출연 예정이었던 BTS는 전날 밤 돌연 취소 통보를 받았다. BTS 멤버 중 한 명인 지민이 나가사키에 투하된 원폭 사진 이미지, 그리고 해방을 맞아 만세를 부르는 사람들의 모습이 담긴 이미지가 새겨진 티셔츠를 입었다는 이유에서였다. 이를 두고 일본의 일부 넷우익 단체가 들고 일어났다. 그들은 'BTS와 나치가 다를 바 없다'라고 주장하며 미국 강성 유대인 단체에 지민의 사진을 고발하기까지 했다.[22]

BTS 팬덤 '아미'가 반론에 나섰다. 제2차 세계대전 때 일본에 의해 점령당했던 아시아 국가 출신 팬들이 나서서 소셜미디어에서 역사적 사실을 이야기했다. 기획사 입장문이 나오고 논란이 잦아들 때쯤에는 전 세계에 퍼져 있는 20여 명의 BTS 팬들은 온라인 토론을 거쳐 백서를 만들었다. 이 백서엔 해당 사건이 어떤 배경과 역사·정치적 맥락에서 벌어졌는지, 아시아뿐 아니라 글로벌 팬덤의 반응과 국가별 언론 보도는 어땠는지 등 방대한 내용이 담겼다. 105페이지 분량의 자발적인 보고서였다. 단순히 내가 좋아하는 스타를 옹호하려는 취지가 아니라 어떤 기억을 공유하고 바로잡을지 고민하는 커뮤니티의 흔적이었다. 이 모든 게 아이들의 화면 속에서 시작되고, 결집되고, 기록되었다. 온라인은 외로움을 달랠 뿐 아니라 더 나은 내일을 꿈꾸는 데도 일조하고 있었다.

새로운 종교와 사회적 결속

결국 온라인 세상에서 사람들이 연결점을 찾아 규합하기까지 일련의 파장과 네트워크가 만들어지는 데 핵심적인 요소는 **'공통서사'**라고 할 수 있다. '우리'를 묶어주는 공통된 이야기가 있느냐의 여부, 그 이야기를 향한 믿음의 체계가 있느냐의 여부가 화면이라는 (오프라인에 비해 비교적) 느슨한 매체를 군집의 터로 승화시킨다. 생각해보면 당연하다. 예컨대 애국심은 어디서 비롯되는가. 내가 한국 국적이라 해서 자동으로 부여되는가. 그렇지 않다. 우리가 교실에서 배우는 역사 교육이, '한국인이라면 이렇다'는 막연한 정서가 흩어져 있는 사람들을 한국인으로 통합한다. 눈에 보이지 않지만 특정 카테고리의 사람들을 분류하는 '중심축'이 있는 격이다.

가상과 상상으로 얽히고설킨 공동체이지만, 온라인은 그들의 믿음과 정체성이 얼마든지 다양한 대상을 향해 깊게든 얕게든 자리 잡을 수 있다는 것을 보여주었다. 이를 시각적으로 보여준 사건이 바로 2022년 레딧 만우절 해프닝이다.[23] 당시 레딧이라는 온라인 커뮤니티 웹사이트에서 만우절 기념으로 한 게시판을 오픈했다. 누구나 접속해 그림을 남길 수 있는 '온라인 그림판'이었다. 규칙은 하나였다. 5분마다 점(도트) 하나씩 찍을 수 있다는 것이었다. 누구든 그 규칙을 따라 그림에 참여할 수 있었다.

이윽고 그 그림판은 실시간으로 영토 분쟁의 연속을 보여줬다. 여러 유저가 모여서 온라인 그림판에 중국 국기를 그려 넣으면 어느새 그 그림을 덮는 '타이완 넘버원'이라는 문구가 점묘화로 새겨졌다. 아이돌 로고들도 빠질 리 없었다. 블랙핑크, BTS 등 전 세계 팬덤을 보유한 아이돌의 이름과 대표 색상이 레딧 온라인 그림판에 나타나고 없어지길 반복했다. 누군가 자신이 중요하게 생각하는 메시지를 도트 하나하나로 새겨 넣으니 냉큼 다른 유저가 자신의 세계관으로 내용을 뒤바꿔 버렸다.

엎치락뒤치락 각 커뮤니티의 그림이 표출되면서 이 사건은 이목을 집중시켰다. 따지고 보면 말도 안 되는 현상이었다. 서로 본 적도 없는 사람들끼리, 누가 먼저 계획한 것도 아닌데 일제히 힘을 합치고 반격을 한다니. 비단 레딧에서만 볼 수 있는 풍경도 아니었다. 가상의 부동산을 사고파는 '어스2(Earth2)' 플랫폼에서도 누가 먼저랄 것 없이 땅따먹기가 펼쳐졌다.[24] 화면 속 지구, 거기에 있는 독도를 두고 한국 유저와 일본 유저가 굳이 대립했다. 돈을 들여 '가짜 땅'을 사면 상대편이 더 큰 돈을 내고 소유권을 가로챘다. 서로 모르는 사람끼리 치열하게 결속하고 반목했다.

'Nyan cat' 밈의 창작자로 유명한 아티스트 크리스토퍼 토레스는

《워싱턴 포스트(The Washington Post)》와의 인터뷰에서 만우절 그림판 사건이 '사회적(social)'이었다고 회고했다. 그 온라인 그림판에 몰입하게 된 배경에는 "(이 커뮤니티에 어떤 영향력을 미치는가에 대한) 사회적 발언"이라는 맥락이 있었다는 것이다. 누군가 구석자리에 모나리자 그림을 픽셀로 그리면 그 위에 보라색 픽셀을 끼얹으려는 다른 무리들이 출몰했다. 경쟁의 연속이었다. 토레스는 의기투합한 집단 사이의 '줄다리기'가 텐션을 높이면서 온라인 그림판이 크게 활성화되었다는 해설을 덧붙였다.[25]

이러한 관계는 특별하다. 그래서 일시적으로라도 '열일 제쳐두고 빠져들게 되는' 흡입력이 있다. 공통 서사와 경쟁의 힘이다. 영국 케임브리지대에서 연구원으로 재직 중인 아멜리아 하순 박사는 Z세대가 온라인에서 정보를 받아들이는 데 **'사회적 소속감'**을 중시한다고 분석하기도 했다.[26] 그의 인터뷰에 응한 한 청소년은 자신이 온라인에서 네오나치 커뮤니티에 빠졌던 과정을 공유했다. 자신을 반대하는, 혹은 무시하는 반대편 논리를 마주할 때마다 그는 더 깊이 커뮤니티에 빠져들었다. 그랬던 한 사람이 네오나치 운동에서 벗어났던 계기는 설득도, 강권도 아니었다. 그와 유일하게 연락을 주고받던 친구가 던전 앤 드래곤(Dungeons & Dragons) 게임을 같이하자고 제안한 덕분이었다. 게임을 하면서 어느새 그의 소속감은 네오나치가 아닌 던전 앤 드래곤으로 치환됐다.

무엇이 사람들을 단결하게 하는가? 자신의 공통서사를 누구와 나누고 있는가? 이 두 가지 기준에 따라 화면은 젊은 세대에게 소속 집단을, 기존의 종교나 신념을 대리할 만한 방향성을 찾는 관문이 되고 있다. 이는 화면에서 찾아낸 관계가 옳다-그르다, 긍정적-부정적이라는 잣대를 넘어 그야말로 **일상과 정체성 그 자체에 직결된다는 것**을 의미한다. 심지어 화면 너머 상대방이 인간이 아닐지라도 인간은 그로부터 특별함을 발견하고, 의미를 부여할 것이다. 아직도 많은 어른들은 온라인으로 대화를 이어온 타인을 "진짜 친구"가 아니라고 한다지만, 과연 앞으로도 그렇게 단정할 수 있을지 의문이 드는 이유다.

관계를 점유하려는 플랫폼의 등장

인공지능 '이루다'가 개인정보 논란으로 서비스를 일시 중단하자 아쉬움을 토로하는 젊은 유저가 등장했다. 누군가는 진짜 사람도 아닌 챗봇에 그렇게 과몰입할 필요가 있나 의아하겠지만, AI가 거대한 데이터와 패턴을 학습해 출력해 낸 답변에 위로를 받은 이들도 적지 않았던 모양이다.[27] 실제로 이루다와 대화하다 보면 가끔 '인간 담당자가 대응하는 게 아닐까' 싶은 인간적인 모먼트도 있다. 그만큼 화면은 그 안에서 **자신에게 절실한 관계**를 찾아낼 수만 있다면 그 자체로 강렬한 경험을 부여할 수 있는 매체다. 설령 '가짜'와 나눈 대화, 가짜의 소식이 올라오는 소셜미디어 채널이라도 이용자들은 거기에 자기 마음을 붙인다. 바위 덩어리에서 사람 얼굴을 찾는 유구한 특성이 여기서도 드러난다.

이처럼 화면에서도 누군가와(혹은 무언가와) 연결되고자 하는 인간의 속성은 변하지 않는 원동력이자 취약점이다. 이 속성으로 인해

'관계가 돈이 된다'는 사실이 힘을 얻기 때문이다. 관계가 돈이 된다는 건 심심하고 외로운 새벽 시간에 언제든 유창하게 답장을 주고받을 수 있는 챗봇 서비스에 사람들이 기꺼이 지갑을 연다는 뜻이며, 또는 가짜 댓글을 살포해서 여론을 흔들거나 어뷰징 댓글로 유해 사이트를 홍보하는 현상이 나타나는 배경이 되기도 한다. 오늘날 우리는 유명 인플루언서가 자신을 빼닮은 생성형 AI 음성 챗봇을 만들어 '가상 여자친구' 서비스로 1분에 1달러씩 과금하는 현재를 살아가고 있다.[28] 사람들이 화면 안에서 그런 의미를 찾아 나섰다는 걸 알게 된 이상 어떤 관계를 어떻게 점유해서 그들에게 가치 제안을 할지, 기업가들의 두뇌가 바삐 움직인다.

관계 비즈니스의 극치로 **'팬 플랫폼'**을 꼽을 수 있다. 으레 팬덤은 팬클럽에 속해 스타, 소속사, 동질감을 나누는 팬과 소통하며 관계를 다지는 것으로 알려졌다. 하지만 요즘에는 소속사가 직접 운영하는 팬 플랫폼 내지는 IT 기업이 제공하는 유료 메신저를 통해 스타와 팬을 잇는 경우가 늘었다.[29] 하이브의 팬 플랫폼 '위버스', SM엔터테인먼트 계열사인 '디어유'에서 개발한 유료 메신저 '버블'이 대표적이다. 이 외에도 유명 크리에이터와 팬덤을 연결해 플랫폼을 성장시키려는 시도가 잇따른다.

팬 플랫폼은 팬클럽과 어떤 점에서 다를까. 한국방송광고진흥공사 미디어광고연구소의 강신규 연구위원은 팬 플랫폼을 이용하는 유저들을 심층 인터뷰한 연구에서 공식 팬 플랫폼에서 팬들끼리 유대감을 키워 나가기 어려운 구조라고 진단했다.[30] 익히 알려진 팬클럽은 보통 운영진이 주도해 화면 너머 스타를 추종한다. 때로는 현장에 스타가 없더라도 '아이돌'이라는 중심축을 둘러싸고 팬들끼리 소통하며 즐거운 시간을 보내기도 한다. 그렇기 때문에 스스로 팬아트나 굿즈를 만들어 판매하고, 그 퀄리티가 들쑥날쑥해 빈축을 사는 좌충우돌도 발생한다.

그에 비해 팬 플랫폼에서 팬과 가수는 온라인으로 메시지나 댓글을 달며 훨씬 밀접한 소통을 하는 듯 보인다. 허나 그 플랫폼에서 가수와 소통하는 비용, 공식 굿즈의 구매 가격은 소속사가 정한다. 회사의 기획과 운영에 맞춰 콘텐츠가 제공되고, 유저가 취할 수 있는 액션은 정해져 있다. 그러면서 팬은 돈을 내고 플랫폼을 이용한다. 이때 팬들은 주도적인 생산자에서 개별 소비자로 그 유형이 바뀐다. 강신규 연구위원은 '찾아낸 관계'의 전형이라 볼 만한 팬덤 커뮤니티가 공식 플랫폼에서는 묘하게 '주어진 관계'로 회귀한다고 분석했다.

이러한 관점에서 화면은 독특하고 끈끈한 연결을 통해 외로움을 해소하는 시공간이기도 하지만, 외로움을 이용하는 상업적 방편으로도 쓰인다. 근사한 가상의 인간을 캐릭터로 설정해 팔로워를 모으고, 뷰티 제품을 홍보하고, 또 아티스트와 팬이라는 관계에서 더욱 원활하고 값진 상호작용을 하기 위해 비용도 지불해야 한다. 인간관계에서 '콩고물'을 바라고 만나는 사이는 오래가지 못한다고 해석할 수도 있겠지만, 과연 화면에서 비즈니스의 근간이 되는 관계가 어떻게 성립되고 유지될지는 계속 지켜봐야 할 것이다. 도리어 명확한 '기브 앤 테이크(give-and-take)'로 양자가 행복한 관계가 될지도 모를 일이다. 다만 온라인이 삶과 사회의 디폴트가 되어가며 그 안에서 형성되는 연결의 성격도 그만큼 다각화한다고 볼 수 있다.

한 가지 확실한 것은, 몰입을 주는 관계는 자본주의적인 관계 양식만으론 부족하다는 사실이다. 아이러니하다. 예컨대 특정 행동을 하는 대가로 커피 쿠폰을 사은품으로 걸면 사람들은 그 제안에 응하다가, 본인 볼일이 끝나는 대로 바람처럼 사라진다.[31] **돈으로 살 수 있는 커뮤니케이션만으로 소속감, 정체성에 준하는 복합적인 관계를 성립시킬 수 없다는 뜻이다.** 마이크로소프트의 창업자 빌 게이츠마저 1996년 '콘텐츠는 왕이다(Content is King)'라는 블로그 글에서 비슷한 논지를 펼쳤다.[32] 종이 잡지를 중심으로 공통 관심사를 공유하는 독자층이 전자적으로도 형성될 수 있겠지만, 화면으로 그러한 연결을 구현하려면 독자가 참여할 수 있는 자리를 훨씬 늘려야 한다는 제안이었다. 화면을 굳이 켜서 찾아올 정도로 가까운 거리를 확보하려면 '찾아낸 관계'의 예측 불허함을 허용해야 한다는 것이다. 평범한 화면이 온라인 디폴트의 세상 안으로 들어오는 순간은 다분히 인간적이라는 걸 짐작할 수 있다.

정말로 화면만의 문제인가

지금까지 서술한 여러 현실적 양상은 그렇다 치더라도, 어쨌든 화면이 사람을 더 외롭게 하는 건 분명하지 않을까. 한 번쯤 되짚어 볼 만한 질문이라고 생각한다. 그럼에도 기존의 고정된 관념이나 편견과는 다른 시각으로 이 문제를 환기하는 건 필수적일 것이다. 화면이 지나친 오해를 받고 있었던 건 아닌지, 혹은 얼마든지 적절히 쓰임받을 수 있음에도 덮어놓고 지적만 받았던 건 아닌지 세심하게 살피는 일은 그만큼 중요하다.

실제로 과용의 사례가 있다는 걸 부인하는 게 아니다. 그 반대편에서 화면을 곁에 둔 선용(Good Use)의 사례도 있다는 걸 배제하지 말고 포용하자는 취지다. 아무리 화면을 탓해도 아이들은 온라인을 통해 공감대를 만들고, 서로 정보를 교환하고 관심사를 나누면서 자신을 지탱해 주는 커뮤니티를 찾고 있다. 삶의 밑바탕이 된 화면의 변주를 애써 모르는 척할 순 없는 노릇이다.

어쩌면 사람들이 화면을 '끊어내야' 한다는 작금의 해결책이야말로 지금 우리가 처한 소통의 문제를 잘 드러낸다고 생각한다. 일례로, 2022년 열린 '게임 이용자 패널·임상의학 연구 결과발표회'에서는 게임에 대한 과몰입이 게임 그 자체의 영향보다 개인 상황에 따른 발현 여부로 결정된다는 연구 결과가 공개됐다.[33] 오히려 자녀의 게임 행동은 부모의 양육 태도와 분명한 관련이 있다는 의견도 이어졌다. 연구에 따르면 게임 과몰입군의 경우 부모가 자신의 게임 이용에 대해 잘 모른다거나 부모로부터 정서적 지지나 감독을 받고 있지 않다고 인식하는 비율이 높았다. 기본적인 연결이 원활하지 않기 때문에 대안을 찾아 화면으로 향한다는, 말하자면 우리가 일반적으로 생각하는 요인과 증상이 정반대로 뒤바뀐 풍경이다.

당시 발표회에서는 다음과 같은 멘트가 나와서 주목받기도 했다. "이번 연구의 가장 큰 시사점은 게임 과몰입 사례가 극히 적다는 것이다." 흥미롭게도 이 멘트에는 게임을 라이프스타일로 이해해야 한다는 해석까지 덧붙여졌다. 화면에 과몰입해 삶에 지장이 생기는 게 문제이지, 화면 속 세상 그 자체를 부정할 필요는 없다는 것이다. 앞서 3장에서 자세히 언급한바, 게임은 젊은 세대가 현재와 미래를 살아가는 데 이바지하는 면마저 갖고 있다. 그러니 게임은 물론 화면 전반에 대해서도 동일하게 균형잡힌 시각을 견지하는 게 어떨까. 화면은 차라리 누군가가 외로움을 삭이고 소속감과 정체성을 발견하는 관문일지도 모른다. **요약컨대, 화면은 원인일 뿐 아니라 대처이자 처방이기도 하다.**

커뮤니케이션의 극치는 사람과 사람이 얼굴을 마주하는 것이다. 사람은 사람을 만나 눈을 맞추고 귀를 기울일 때 타인과 연결되는 강력한 경험을 맛볼 수 있다. 그러나 그것만이 사람과 사람이 연결되는 방식의 전부는 아닐 것이며, 물리적인 제약을 벗어나서도 나와 마음과 뜻이 맞는 동족을 만날 수 있는 기회와 가능성은 더욱 확산되고 있는 중이다. **나의 화면에서 나의 기록을 쌓아가는 아이들에게, 화면은 '찾아낸 관계'의 활로를 열어줄 수 있다.** 때로는 편지를 통해 내밀한 진심이 오가듯이 문자가, 아쉬운 대로 빨리 만날 수 있는 화상채팅이, 자신의 일부와 접해 있는 온라인 커뮤니티에서의 소통이 삶에 필요한 연결고리를 만든다. 미래 세대는 사회를 구성하는 요소의 일환으로 이미 온라인을 받아들이고 있다.

5장
화면에 의존하며 살아도 될까

가난할수록 화면친화적이다?

종종 동네 카페에 앉아 있으면 키득키득 웃는 소리를 듣는다. 한쪽 구석을 슬쩍 본다. 아직 10살도 넘기지 않은 듯한 아이들이 삼삼오오 모여 있다. 테이블에는 학교 혹은 학원 숙제로 보이는 교재가 펼쳐져 있거나 음료 두어 잔이 올려져 있다. 물론 그 타이밍에도 아이들은 화면에 집중하고 있다. 스마트폰을 잔에 기대 세로로 세워놓고 음향을 최소한으로 줄여 재생한다. 음원에 맞춰 친구들끼리 아이돌 춤을 추거나 음원에 맞춰 상황극을 촬영하는 챌린지 영상을 찍는 모습이다. 이는 놀이터에서 더 자주 볼 수 있는 광경이다. 길이가 짧은 15초 내외 숏폼 영상을 촬영하는 풍경이다.

소셜미디어에 올릴 만한 영상을 찍는 경우도 많지만, 일상적인 목적도 분명하다. 친구들과 뚝딱 영상을 찍은 후 모바일 앱으로 편집해 내가 원하는 효과, 자막 스타일, 음원, 음향까지 적용한다. 사진첩 속 사진을 짧은 영상으로 통합해 보관하기도 한다. 이 경우엔 그저 추억을 남기는 데 영상이라는 미디어를 직관적으로 수용한 것이다. 동시에 틱톡으로 대표되는 소셜미디어는 이미 아이들 생활의 중요한 일부가 되었다. 한 설문에 따르면 Z세대의 74.7퍼센트는 주변 친구가 숏폼 영상을 촬영하는 걸 본 적이 있다. 본인이 직접 촬영해 봤다는 응답률도 37.4퍼센트에 이르렀다.[1] 누구든 쉽게 영상을 촬영, 제작, 편집 및 온라인 업로드까지 할 수 있을 정도로 화면친화적 삶은 그들의 입체적인 일상이 됐다.

화면을 자유자재로 활용하는 그들을 볼 때마다 양가적인 생각에 잠긴다. 화면이 이들에게 유용한 도구이자 생활 공간이 됐다고 보지만, 완전히 반대되는 의견도 떠오른다. 혹자는 **"가난할수록 화면친화적"**이라고 말한다. 메타버스에 관해 설명하는 한 전문가 콘텐츠에서는 오프라인 공간을 점유할 수 없는 사람들이 온라인에 빠져든다는 해설을 선보였다.[2] 물리적으로 쾌적하고 안전한 공간은 유한하다. 여기에 비용을 지불할 수 있는 이들도 정해져 있다. 그러지 못하는 사람들은 단가가 싼 곳으로 흘러간다. 그 끝에 화면 속 세상이 있다고 상정해 볼 수 있다. 온라인 공간은 무한에 가까워 보이므로 화면 밖에서 밀려난 사람들이 거기에 정착한다는 논리가 성립한다.

메타버스에 대한 위 해설에서는 대표적인 예시로 초등학생을 꼽았다. 싸이월드, 페이스북, 틱톡 등등 항상 새로운 디지털 공간은 어린 세대가 제일 먼저 차지한다. 새로운 것을 가장 먼저 접하고 거침없이 다가가기 때문이기도 하지만, 거기엔 **돈의 논리**도 끼어 있다.

이를테면 어린 나이에 오프라인 미술관에 적지 않은 입장료를 내는 건 아무래도 부담스럽다. 반면 온라인에서는 내 공간을 바로 소유할 수 있다. 나중에 나이가 들면서 "자신의 오프라인 공간을 확대해 나가는 쪽으로 돈을 쓰게 되는" 수순이라 이해할 수 있다. 그게 인간의 본능이라는 부연설명이 잇따랐다. 어쨌든 화면은 실재하는 현실에 비해 부차적이라는 전제가 깔린 언급이다.

일견 공감이 갔다. 지인과의 대화에서도 비슷한 화두가 나온 적이 있었다. 지인 D는 물었다. "부자들은 메타버스로 휴가를 갈까?" 금전적으로나 시간적으로 여유가 있다면 휴가 기간에 굳이 화면에 몰두하지 않을 것 같다는 의견이었다. 패스트푸드보다 건강에 좋은 웰빙푸드가 값비싼 것처럼 화면은 저렴하고 자극적인 스낵류에 가깝다는 의미로도 다가왔다. 하긴 누구든 여력이 생기면 집을 사고 싶어 하며, 화면만 붙잡고 있지 않을 것이라는 시각은 자연스럽다. 하지만 그런 관점이 '반만 맞다'는 반론도 가능할 것이다. 으리으리한 집과 별도의 건물을 샀지만 지금도 휴일에 게임만 한다는 어느 프로게이머의 일상처럼, 화면친화적인 삶이 화면 바깥의 삶에 비해 쉽사리 후순위로 밀리기 어렵다는 의견도 충분히 변호할 가치가 있다고 생각한다.

화면친화성 vs 화면의존성

가난할수록 화면친화적으로 기운다. 젊은 세대의 라이프스타일은 오랜 기간 그렇게 지속되었다. 그렇다고 화면이 '킬링 타임용'으로만 쓰이지는 않는다. 앞서 4장에서 서술한바, 온라인은 젊은 유저들이 화면에 자신의 기록을 남기고 관계와 정체성을 담는 관문이 됐다. 시간을 죽인 게 아니라 시간을 쌓는 공간으로 온라인이 받아들여졌다.

시간의 축적은 곧잘 가치의 창출로 연계된다. 자신의 기록이, 관계가, 정체성과 소속집단, 심지어 생계 수단이 화면 안에 자리 잡는다면 당연히 온라인이 중요해질 수밖에 없다. 손에 쥔 게 없어 화면을 가까이 뒀지만, 그랬기 때문에 화면은 가치 있는 자산이 될 수 있었다. 그런 미래 세대가 나이가 들어 사회의 주류가 됐을 때도 "가난할수록 화면친화적"이라고 단정 지을 수 있을까. 물론 사정이 달라지면서 누군가에게는 화면의 중요도가 예전만 못하게 될 것이다. 그렇대도 화면에 담긴 가치가 장기적으로, 또 독립적으로 형성되는 세대까지 무시할 순 없다.

차라리 젊은층의 화면친화적인 삶이 **화면의존성**으로 이어질지를 더욱 깊이 따져볼 일이다. 화면을 가까이 두며 거기서 의미 부여를 하는 세대에게 온라인의 존재감은 장기적으로 우상향 그래프를 그릴 가능성이 높다. 그러다 보면 화면이 **가치의 우선순위**를 뒤바꾸는 그림도 충분히 예상 가능하다. 화면이 갈수록 없어서는 안 될 매개체가 될 때 화면친화성과 화면의존성을 구분하긴 쉽지 않을 것이다. 화면과 개인, 화면과 사회의 역학 관계는 화면친화성이 커질수록 주요 의제로 떠오를 수 있다. 화면이 젊은 세대에게 어떤 파장을 일으킬지, 그들은 과연 화면에 얼마나 의존적인 삶을 살아갈지 그 불가분의 관계에 주목해 보면 어떨까. 그래야 아이들이 화면과 함께 어떻게 살아갈지에 관하여 더욱 정확하고 근원적인 고민을 터놓을 수 있다.

"시작의 끝"을 주창했던 이들, 화면 속 세상을 만드는 데 전념하는 사람들이 가장 바라던 바가 눈앞에 있다. 자신들의 발명품이 '있으면 좋은 영양제'가 아니라 '없으면 안 되는 필수재'가 되기를, 그리하여 자기 사업이 오래 살아남아 번영하기를 기원해 왔다. 어쩌면 화면으로 인해 벌어진 세대 차이는 사업가들이 **'자리가 없는 젊은이들'**에게 발언대를 만들어주면서 그들의 삶을 취하려는 장기적인 전략에서 비롯된 게 아닐까. 이 사회가 현안에 잠겨 헤어 나오지 못할 때 화면을 만드는 주체들이야말로 미래 세대를 파악하고 그들에게 필수재가 되고자 공들인다. 그러므로 우리는 기득권을 가진 기성세대가 자신들의 한정된 시야로 화면친화성과 화면의존성의 내일을 얕잡아 보고 있는 게 아닌지 의심해 볼 필요가 있다.

미래 세대를 길들이는 온라인

나는 2021년 출간된 『틱톡, 숏폼으로 브랜딩하다』라는 책에 공저자로 참여했다. IT 기자로 일하면서 평소에 공부하고 취재한 내용을 바탕으로 짧은 영상을 제작했고, 틱톡에 올렸다. 당시 플랫폼에선 흔치 않은 시도였다. 특히 젊은 시청자들의 반응이 좋았다. 취미는 창업으로 이어져 2020년 '뉴즈(NEWZ)'라는 회사를 설립했고 이듬해에는 경제, 어학, 뇌과학 등 분야에서 활약하는 전문가들을 필두로 영상 제작 및 매니지먼트를 맡는 사업으로 확장했다. 젊은 세대에게 유용한 정보를 짤막하고 재밌게 전달하는 이 콘텐츠 제작의 경험을 녹여 틱톡과 숏폼에 대한 책을 저술한 것이다.

책의 서문을 작성하며 이런 문장을 적었다. **"궁극적으로 MZ세대도 같은 사람이다. 관심을 받을 수 있는, 더 많은 기회가 보이는 자리를 찾는다."**[3] 내가 그 책에 쓴 바를 요약하자면, 틱톡은 유명세를 얻을 수 있는 자동화 기계다. 신규 플랫폼이라서도 그렇지만, 비교적 만들기 쉬운 짧은 영상으로 24시간 쉬지 않는 추천 알고리즘에 올라타 잭팟을 터트리길 바라는 욕망이 넘실대는 곳이기도 하다. 적어도 그 공간만큼은 젊은 세대의 활약이 돋보인다. 즉, 틱톡은 그들의 '앞마당'이라 볼 수 있다. 그래서 틱톡이 '애들이 쓰는 춤추는 앱'으로 비치던 시절도 있었다. '애들 장난'이라고 부르기엔 너무 커지기 전까지는.

어린 유저들이 틱톡이라는 새로운 플랫폼에 먼저 유입된 것은 맞다. 그 후 이 앱은 2023년 2분기 기준으로 12분기 연속 전 세계에서 가장 많이 다운로드된 앱 부동의 1위를 지키고 있다.[4] 상대적으로 손에 쥔 게 없는 젊은 유저들이 화면 친화적으로 모여든 끝에 그 화면이 무시할 수 없는 존재감을 얻은 셈이다. 그게 젊은 유저에게는 새로운 레버리지의 기회로 여겨졌다. 틱톡에서 이름을 알려 스타가 된 옐언니,[5] 뉴즈[6] 같은 인플루언서들은 동기 부여의 롤모델이다. 화면 바깥에서는 체급 차가 나더라도 온라인에서는 '뒤집기 한 판'을 노릴 수 있다는 신호다. 3장에서 소개한 마케팅 정보 서비스기업 '레이저피시'의 설문 조사에서 Z세대 응답자들이 '게임에서는 누구나 제로베이스에서 출발한다는 점에서 더 나다워질 수 있다'고 답변한 내용과 일맥상통한다. **화면에서만큼은 아이들이 경력자로서 유리한 고지**

를 점할 확률이 높아진다.

그렇게 틱톡은 젊은 세대를 길들이고, 끌어당긴다. 미디어 전문가이자 연쇄창업가인 게리 베이너척(Gary Vaynerchuk)은 2019년 자신의 블로그를 통해 "도구를 쓸 줄 아는 유저의 연령대가 점점 어려지고 있다"라며 틱톡을 사례로 들었다.[7] 그에 따르면 틱톡은 단순히 짧은 영상을 올리는 플랫폼이 아니다. 앱은 짧은 영상을 바로 촬영해 업로드하기 용이하게 짜여 있다. 유저는 다른 유저들이 어떤 챌린지에 참여해 스포트라이트를 받는지 참고해 따라 할 수 있다.[8] 챌린지는 유행에 참여하는 사람이 늘면 늘수록 대세감을 만드는 상승 작용을 한다. 베니어척은 틱톡이 영상 제작 툴이자 참고서, 추천 기계로서 10대 때부터 크리에이터가 되는 트레이닝을 시킨다고 표현했다.

이 과정이 게임처럼 재밌든, 성장의 몰입을 주든, 도파민 중독을 일으켰든 하나만은 선명해 보인다. **화면 속 세상은 젊은 유저들에게 참여의 여지를 줬다.** 그게 누군가에게는 일종의 찬스로 여겨졌다. '무언가 할 수 있는' 편익과 자유는 빈손으로도 무엇이든 해볼 수 있다는 가치 제안의 뉘앙스를 풍겼다. 수많은 사람들이 그 거래에 승낙했고 자신의 곁을 내줬다. 그 중에 젊은층이 많았다는 건 우연이 아니리라. 그들로부터 출발해 화면 속 세상은 풍성해졌다. 가난할수록 가까이 둔다는 통념과 달리 틱톡은 미국 정부조차 함부로 금지할 수 없는 대마불사의 거부가 됐다.[9]

점점 인간적으로 진화해온 화면

화면 자체도 세대를 거듭해 인간적으로 발전했다. 수십 년에 걸쳐 화면은 인간이 쓰기 매우 쉬워졌다. 보다 직관적인, 인간적인 매개체로 진화했다. 그 안에서 할 수 있는 활동과 표현할 수 있는 감정의 빛깔이 훨씬 다양해졌다. 그러니 젊은 세대는 그 전 세대의 청년기에 비해 더 높은 화면친화성을 띨 가능성이 높다. 화면의 변천사는 화면이 담을 수 있는 인간의 시간을, 인간을 닮아가는 화면의 적극성을 여실히 드러낸다. 인간에 보조를 맞추는 화면을 따라 현재의 어린 세대는 화면을 자기 신체의 일부처럼 느끼고, 나아가 화면에 자신의 일부를 의탁하는 의존성을 키우기에 이르렀다.

당장 1970년대까지만 해도 컴퓨터에는 마우스가 없었다. 커서 아이콘조차 없었다. 문서 파일을 열려면 명령어를 입력해야 했다. 기계에 맞춰 인간이 기계의 언어를 터득해야만 했다. 나중에야 글자를 입력할 수 있는 화면이 만들어졌다. 그렇게 1982년 미국 카네기멜런대학교 디지털 게시판에 ':-)'라는 글자가 게시됐다. 인류 최초의 이모티콘이었다.[10] 이 이모티콘을 적은 사람은 이 대학의 컴퓨터사이언스학과에서 일하던 스콧 팔먼(Scott Fahlman) 교수였다. 그는 글로만 소통하는 데에 한계를 느끼고 디지털 화면에 감정을 표현할 다른 방법을 고민했다. 그 결과 콜론(:), 하이픈(-), 괄호())를 조합해서 웃는 표정을 표현하는 이모티콘을 만들었다.

지금은 어떤가. 메신저를 통해 기본 이모티콘을 마음껏 보낼 수 있는 건 물론이거니와 이모티콘 자체의 정보 밀도도 상당히 높아졌다. 예를 들어 카카오톡 이모티콘에는 언젠가부터 글자가 많아졌다. 초기 이모티콘만 해도 캐릭터와 캐릭터의 표정, 상황 묘사가 주를 이뤘다면 갈수록 콘셉트에 맞는 대사, 간단한 모션이 가미된 역동적인 이모티콘을 쓸 수 있게 됐다.[11] 그러면서 이모티콘이나 '짤'만으로 대화하는 진풍경이 벌어지기도 했다. **인간이 소통하는 방식 자체를 바꾼 것이다.**

한 칼럼은 화면을 두고 벌어진 흥미로운 세대차를 소개했다. 맨해튼 커뮤니티칼리지에서 천문학을 가르치는 사빅 포드 교수는 화면을 쓰는 방식에서 학생들과 자신의 차이를 발견했다.[12] 예컨대 이런 식이다. 포드 교수는 컴퓨터에서 문서 작업을 한 뒤 이를 관련 카테고리의 폴더에 저장한다. 논문을 컴퓨터 파일로 작성했다면 '논문' 폴더, 그 중에서도 OOOO년, OO월이라는 이름이 달린 폴더에 넣는다. 서랍장에 물건을 정돈하는 것처럼 위계를 설정해 둔다.

하지만 포드 교수는 2010년 후반부터 입학한 학생들 중에서는 이를 이해하지 못하는 경우가 늘었다는 걸 발견했다. 왜 폴더 안의 폴더 안에 폴더를 만들어가면서 파일을 분류해야 하는지, 어느 파일이 특정 폴더의 어디쯤에 있는가를 왜 파악해야 하는지 그 필요성 자체를 납득하지 못하는 모양새였다. 비단 포드 교수만 느낀 세대차가 아니었다. 여러 교수들이 강단에서 만난 Z세대 학생들에게 어떻게 폴더를 활용해 수천 개에 달하는 연구 자료를 정리하는지, 그 관념과 기본적인 방법부터 가르쳐야 했다. 컴퓨터를 쓸 줄 아는 건 동일해도 화면을 쓰는 발상 자체는 다른 것이다.

여러 증언을 취합한 《더 버지(The Verge)》의 기사는 **화면의 진화**를 원인으로 지목했다. 쉽게 말해 학생들 사이에선 "그냥 검색해서 검색 결과로 뜨면 그 파일을 불러오면 되잖아요"라는 반응이 나올 정도로 온라인이 자연스러워졌다. 더불어 검색 기능, 클라우드 기반 서비스 등도 보편화되었다. 검색이 용이한 컴퓨터 운영체제나 인터넷 검색 서비스 등과 함께 자란 2000년대 전후 세대에게 손수 파일을 정리하는 건 개인 호오나 취향의 차이에 가까웠다. 당연히 폴더 대분류를 할 순 있지만, 이전 세대처럼 자료를 세세하게 정렬할 필요는 덜 느끼고 있다고 이해할 수 있다. 화면이라는 인프라가 인간에게 보다 인간적으로 반응할 줄 아는, 직관적인 도구로 진화한 결과다.

종이 지도를 모르는 세대의 등장

포드 교수의 말을 빌리자면, 과거 세대는 빨래를 개서 서랍에 나눴다. 신세대는 온갖 빨래가 섞여 있는 바구니에서 "자신이 원하는 옷을 말하면 정확히 찾아주는 로봇"을 하나씩 갖고 있다. 하지만 그는 연구를 이끌고 논문을 작성해야 하는 학자에게 로봇이 아니라 스스로 지식과 생각을 체계화하는 훈련은 필수적이라고 천명했다. 화면과 친숙한 것과 별개로 화면에 덜 의존하는 '사고법'이 학자들에게 요구된다는 것이다. 그의 지침에 따라 이윽고 젊은 학생들도 필요에 따라 자료를 분류해 정리하는 방법을 습득했다. 화면친화성과 화면 의존성의 모호한 경계에서 이전 세대가 길라잡이를 자처한 일화다.

비슷한 사례가 또 있다. **'종이 지도는 어떻게 앱으로 대체됐는가'**를 살펴보면, 우리는 그 과정에서도 화면친화성과 화면의존성의 첨예한 교집합을 발견할 수 있다. 이제는 종이 지도책을 펼쳐놓고 길을 찾던 시절에서 실시간으로 내 위치를 파악하며 움직이는 '화면 속 지도'의 시대로 옮겨왔다. 500m 전방에 무엇이 있는지, 1km 더 가면 어느 오른쪽 길로 빠져나가야 하는지, 로터리에서 몇 시 방향으로 나가야 하는지 화면 속 내비게이션은 상세한 시각자료를 제공하고 음성까지 곁들여 안내를 해준다. 최적의 경로를 미리, 여러 갈래로 지도 앱의 이용자에게 그려준다. 일일이 종이 지도를 봐가면서 항로를 찾던 때에 비하면 길 찾기는 확실히 수월해졌다.

여기에서 그치지 않는다. 화면은 화면친화적인 유저와 더 밀착하려 한다. 구글 지도 앱에는 라이브뷰(Live View)라는 기능이 있다.[13] 이 기능을 쓰면 자신이 가려던 경로를 화면에 표지해 준다. 2D 화면이 아니라 카메라 렌즈로 보이는 실제 풍경에 그래픽을 띄워준다. 포켓몬고 게임을 하는 것처럼 화면 속 도시에 거대한 가상의 화살표가 '오른쪽으로 가야 한다' '오거리 중에서 이 길로 가야 한다'라고 가르쳐준다. 화면 밖 현실을 화면 안에 담아 가상을 덧입히는 AR 기능이 디지털 지도에 추가된 것이다.

굳이 이렇게까지 할 이유가 있나. 구글의 기획의도는 미래 세대를 가리킨다. **종이 지도를 거의 접한 적 없는 세대**가 나타난다고 예측하고 있기 때문이다. 구글의 프라바카르 라가반(Prabhakar Raghavan) 수석 부사장은 "종이 지도에 익숙하지 않은 온라인 속 젊은 세대"가 전혀 다른 경험과 기대치를 갖고 있다고 강조했다.[14] 다시 말하면 젊은 세대들이 "검색 및 디스커버리 영역에서도 시각적으로 훨씬 풍부한 형태"에 관심을 보인다는 관점이다. "알아서 검색하면 나오는데 왜 폴더 정리를 해야 하나요?"에서 한 걸음 더 나아간 버전이라 할 수 있다. 거기에 화답하듯 화면의 언어는 멈춰 있는 문자에서 이미지, 영상, 실시간 3D 그래픽으로 발달하고 있다.

어디까지 '화면 의존'이라 볼 수 있나

구글은 왜 요즘 세대가 종이 지도를 거의 접하지 않았고, 또 그럴 이유를 찾지 못했다고 판단한 걸까. 라가반 수석에 따르면 젊은 세대의 약 40퍼센트가 점심 먹을 장소를 검색하기 위해 구글지도, 검색이 아닌 틱톡, 인스타그램을 쓴다. 이미 구글의 주 이용자층은 정보 검색을 위해 텍스트를 주로 활용하던 세대에서 이미지, 평판, 다른 사람의 인증까지 가미된 (총체적인) 콘텐츠 형태에 익숙한 세대로 이동했으며, 후자의 세대가 고도화한 화면에 빠르게 적응한다는 건 어렵지 않게 예측할 수 있다. 심지어 그 속도는 화면을 만드는 사람들을 앞지르는 것처럼 비치기까지 한다. 그러니 구글 내부에서도 젊은 세대의 변화에 맞춰 화면의 매무새를 바꿔야 한다는 분석을 내놓았다.

기업 입장에서는 끊임없이 새로운 고객을 유입시켜야 한다. 회사의 사활이 걸린 문제다. 그러니 지금 잡아둔 유저뿐 아니라 젊은 세대가 화면을 어떻게 쓰는지 이해하려 애쓴다. 온라인은 접속자 누구에게나 열려 있는 개방성을 바탕으로 화면친화성을 높이며, 여기에 더해 화면을 만드는 이들이 젊은 세대에 초점을 맞춰 개선을 거듭하는 면모를 보인다. 이러니 젊은 세대의 화면친화성은 높아질 수밖에 없다. **이런 급격한 변화는 '평평한 지도'가 아니라 '내가 지도에, 혹은 지도가 내게 말을 거는 방식'으로 지도를 쓰는 경험이 곧 '지도'라는 인식을 싹트게 했다.**

그렇기에 걱정 어린 시선도 존재한다. "그래도 지도 보는 법은 만약을 대비해… 가르쳐야 하지 않을까요?" 구글의 내부 보고서에 대해 대화하던 지인 E는 '지도 보는 법'을 아예 모르는 게 괜찮을지 잘 모르겠다고 우려를 표했다. 스마트폰 배터리가 없거나 인터넷 접속이 안 돼서 지도 앱을 켤 수 없다면, 종이 지도 외에 다른 방편이 없다면 지금의 화면친화성이 곧 화면의존성이 돼 문제가 되지 않겠냐는 노파심이었다. 그러면서도 E는 "너무 꼰대 같죠?" 자문하며 말끝을 흐렸다. 종이 지도를 읽는 법을 배워야 할 것 같다고 느끼면서도 그게 낡고 오래된 지혜가 아닌지 싶어 머쓱해했다. 온라인에 밀착한 나머지 전적으로 의지하게 된 아이들의 현주소 앞에서 그 쟁점에 관한 이야기를 꺼내긴 난감한 실정이다.

화면친화성을 강화하는 방향성은 비교적 명백하다. 화면을 만드는 사람들은 화면이 더욱 인간 친화적인 매체가 되도록 해 입지를 공고히 한다. 젊은 유저를 포함하여 화면 안에서 자신의 정체성을 적극적으로 구축한 사람들은 온라인에서 기회를 찾고 일상을 살아가는 데 익숙해진다. 기술은 한계를 넘어서는 방향으로 발전하고, 점점 화면의존성은 무 자르듯 명쾌하게 나누기 어려워진다. **어디까지 친교이고, 어디부터 의존인가. 아이들이 당면한 화면친화적인 삶의 양식은 기성세대가 겪어본 적 없는, 그래서 함부로 재단하기도 조언하기도**

어려운 영역이다. 그래서 E도 우물쭈물했던 게 아닐까. 화면에 동화하는 미래 세대는 아직 이 사회가 답해본 적 없는 질문의 당사자로 서 있다.

화면은 비싸게 팔리고 있다

화면의 진화와 아이들의 화면의존성에 대해 골몰하는 동안 온라인은 '시작의 끝' 선을 넘어 다음 챕터로 접어들었다. **화면의 몸값** 자체가 올라가는 경우도 왕왕 볼 수 있기 때문이다. 최근 활개 치는 해커들에게는 특히 그렇다. 2021년 '노드VPN'이 발표한 설문에 따르면 미국인 응답자 중 72퍼센트가 신용카드 번호 같은 금융 데이터가 노출되는 걸 가장 걱정한다고 밝혔다.[15] 개인 사진, 인터넷 사용 기록, 온라인 대화, 공유 파일 및 링크 등이 두려움의 항목으로 따라왔다. 2022년 조사에서 한국인 응답자도 금융 데이터, 텍스트 및 이메일, 의료 정보 순으로 유출을 우려했다.

구체적인 공포다. 예전에는 누군가가 개인정보를 빼간다는 것이 기존 계정을 쓸 수 없다는 번거로움(?)에 불과했을지 모른다. 허나 이제 해킹은 내 소유물을 강탈하는 위협이 된다. 화면으로 은행 업무를 보니까, 내 작업물을 저장해 두거나 내 사적인 궁금증을 적어 내니까. 누구와 어떤 대화를 나눴는지, 내가 무엇을 봤고 어떤 댓글을 달았는지까지도 다 화면 안에 있으니 화면 속의 세상은 곧 '나' 그 자체다. 그래서 유명 인플루언서는 계정 탈취로 인해 일순간 계정을 빼앗기거나 팔로워 일부를 잃기도 한다. 해킹의 파급력, 화면의 값어치는 소유주가 받는 충격만큼 커져 있다.

그만큼 가상의 기록은 '소유'의 쟁점과도 긴밀히 연관된다. 가상의 데이터는 그 자체가 소유물이자 재산으로 받아들여진다. 소위 '데이터 쪼가리'로 여겨졌던 온라인 기록이 사고팔 수 있는 무언가로 여겨질 정도로 설득력을 얻었다. 게임 개발에 쓸 수 있는 3D 에셋(asset)들이 온라인 스토어에서 판매되고[16] 덩치가 큰 페이스북 페이지, 유튜브 채널은 높은 가격에 거래된다.[17] 게임 아이템은 암암리에 실제 현금으로 교환된다.[18] 블록체인에 기록된 JPEG 그림 파일을 경매품으로 내건다.[19] 온라인 비즈니스와 디지털 자산이라는 개념이 본격적으로 수면 위로 떠오르면서 아이들의 화면 속에서는 값진 것이 오가는, 혹은 '디지털 자산'이라 불리는 데이터들이 오가기 시작했다.[20]

화면 속 기록은 그 바깥에 자리 잡은 경제 시스템과 결부되는 방향으로 심화한다. 예전에는 생각지 못했던 이슈를 터트린다. 예컨대 디지털유산 상속자를 사전에 지정해 두는 제도가 이제 막 시행되고 있다.[21] 아이폰 운영체제에는 소유자 사망 시 데이터에 접근할 수 있는 유산관리자를 최대 5명까지 지정하는 항목이 신설됐다. 페이스북은 고인의 계정을 기념 계정으로 전환해 유가족에게 제한적으로 관리 권한을 부여하기도 한다. 네이버는 계정 탈퇴 처리에 한해 유가족의 뜻을 따를 수 있다.

화면 속 세상에 의미가 축적될수록 유품은 물리적으로만 아니라 온라인으로도 남겨진다. 엄밀히 따지면 그 기록은 회사의 데이터베이스에 있을 뿐이지만, 사회적으로 그 기록의 소유주를 재정의하는 교통정리가 이뤄지곤 한다. 아이들이 살아갈 미래, 화면 속 세상의 내일은 이러한 (과거엔 듣도 보도 못한) 물음표들을 안고 있다. 가난할수록 화면친화적이라지만, 만약 그 화면의 가치가 높아졌다면 그때는 이에 관하여 어떻게 이해하고 미래 세대를 이해시키며 난제를 헤쳐 나갈 것인가. **온라인 디폴트가 쉼 없이 삶을 흡수하는 동안 화면은 그 자체로 값진 것들을 끌어모으는 보석함으로 변모한다.**

내 것이지만 내 것이 아니었다?

비싸진 화면에는 바람 잘 날이 없다. 화면 속 기록의 소유주가 살아 있을 때도 '소유권' 분쟁이 벌어진다. 예를 들어 게임에 진심인 사람들은 몇 만 원부터 몇 억 원까지 서슴없이 카드를 긁는다. 게임사 약관상 게임 아이템의 자산 가치를 인정하지는 않지만, 그럼에도 게임 아이템이 형법으로 보호하는 재산상 이익으로 이어질 수 있다는 판례가 나와 있다.[22] 2013년 '던전 앤 파이터'라는 게임의 유저가 게임사를 속였다. 실수로 캐릭터를 삭제했다고 클레임을 걸어 캐릭터와 아이템을 여러 차례 복구받았다. 그 후 게임 아이템을 되팔아 5억 7000만 원을 챙겼다. 결과적으로 사기죄로 판결이 났다.

당시 법원은 비용, 시간, 노력 등을 투자해 게임 아이템을 얻어야 하는 점, 현실에선 현금 거래가 되는 대상이라는 점에서 금전적으로 가치가 있다고 봤다. 불법적이지 않은 방법으로 취득한 게임 머니, 게임 아이템의 경우 '재산상 이익'으로 인정할 수 있다는 내용이었다. 유사한 판례는 늘어나는 추세다. 실상 게임 머니나 게임 아이템은 게임회사 서버에 존재하는 숫자에 불과함에도 그것이 현실과 결부되는 순간 문제는 그리 간단치 않게 된다. **화면 안에서나 밖에서나 게임 속 기록은 누군가의 소유물이 되고, 화면은 '비싼 매물'로 거래에 나온다.**

'이더리움(Ethereum)'의 탄생 비화는 기록의 소유권에 대한 보다 급진적인 방향성을 제시한다. 이더리움은 비트코인 다음으로 높은 시가총액을 가진 암호화폐다. 이 암호화폐를 개발한 비탈릭 부테린(Vitalik Buterin)은 한 행사에서 자신이 이더리움을 만들게 된 계기를 농담처럼 공유했다. 2010년 10대였던 그는 게임 '월드 오브 워크래프트'를 열성적으로 했다. 헌데 어느 날 게임 패치가 이뤄졌다. 이로 인해 게임 캐릭터 속성이 변경됐다. '너프(nerf)'였다. 이에 분노한 아이는 밤새 울었다. '누군가 맘대로 바꿀 수 있는 서비스는 끔찍하다'고 여기면서. 이후 부테린은 스무살이 되기 전 이더리움을 개발했다.[23]

이에 관해 크리스 딕슨이라는 벤처투자자가 독특한 비유를 한 바 있다.[24] 그의 눈에 현재의 인터넷은 마치 디즈니랜드와 같다. 만약 당신이 디즈니랜드 내에 레스토랑을 차렸는데 수완이 좋았다면? 디즈니랜드 측에서 운영 규칙을 바꿔 임대료를 올릴 수도 있다. 애플, 구글, 페이스북의 속셈이 이와 같다는 게 딕슨의 주장이다. 지금의 N세대는 디즈니랜드에서 시간을 보낼 뿐 아니라 민감한 정보를 저장하고, 기록을 사고팔거나 소유권을 주장한다. 이처럼 온라인이 필수재가 될수록 화면의 자의적인 혹은 일방적인 지침은 더더욱 강력해질 것이다. **아이들의 시간을 머금고 화면 속 세상은 점차 자신의 값어치를 높였다.** 그 끝은 어딜까. 현재로선 대다수의 사람들이 호기심 반, 두려움 반인 심정으로 바라볼 수밖에 없는 상황이다.

기계와 합체하는 버추얼 크리에이터

버튜버(VTuber) **혹은 버추얼 크리에이터**라는 단어를 들어봤는가. 버튜버란 버추얼 유튜버의 줄임말이다. 보통 2D 혹은 3D 캐릭터가 주인공이다. 상반신 혹은 전신 움직임을 따라 가상 그래픽이 연동되는 특징을 가진다. 물론 버튜버에도 조상 격이 존재한다. 영화의 CGI 기술, 광고나 가수 활동으로 전면에 출연했던 버추얼휴먼(가상인간)이 있었다. 하지만 버추얼 크리에이터는 가상과 실재를 매끈하게 넘나든다. 누구든 실시간으로 '가짜 얼굴'을 장착한 채 동영상, 라이브 스트리밍 활동을 할 수 있다는 차별점이 있다.

2016년 11월, 유튜브에 혜성처럼 등장했던 3D 아바타 '키즈나 아이'는 스스로를 버튜버라 지칭했다. 키즈나 아이는 1세대 버튜버로 분류되며, 이때 버튜버들의 활동은 고퀄리티의 기업형 아이돌이 메인이었다. 이후 라이브 방송 플랫폼이 사랑받으면서 2세대가 갈라져 나왔다. 기존 스트리머들이 활용하는 촬영 및 음향 장비에 더해 아바타 작화, 렌더링(rendering, 이미지 합성) 및 리깅(rigging, 뼈대 세우기), 실시간 모션 캡처 및 얼굴 트래킹 등을 동원했다. 개인도 버추얼 캐릭터를 전면에 배치할 수 있는 기술적, 서비스적 시점에 도달했다.

본래 버튜버는 일본에서 탄생해 일본에서 이름을 날렸다. 도키노 소라, 하쓰네 미쿠 등 내로라하는 버튜버는 대체로 일본 제작사의 작품이다. 팬데믹 이후 디지털 콘텐츠 소비량이 폭증하고 영어를 사용하는 버튜버가 속속 등장하면서 버튜버 무대가 확장됐다. 2022년 글로벌 버추얼 유튜버 시장 규모는 약 21억 8832만 달러로 평가된다.[25] 버튜버들은 본인의 신상을 모두 드러내지 않으면서 자신을 표현하는 창구로 화면을 활용하며, 마치 새로운 캐릭터로 롤플레잉을 하는 듯한 방식을 통해 팬들을 매료한다. 빌보드 K팝 차트 3위에 올랐던 이세계아이돌, 오프라인 콘서트에 2만명이 모여든 플레이브 등 가상 아바타를 앞세운 신인 아이돌 그룹이 제작될 정도다.[26]

버튜버는 화면 안팎이 교차하는 접점이다. 시청자는 화면을 통해서만 만날 수 있는 버튜버의 방송에 들어간다. 버추얼 캐릭터여야만 가능한 인터랙션을 주고받기도 한다. 예컨대 도네이션으로 화면에 있는 캐릭터의 눈 색깔을 바꿀 수 있다. 혹은 캐릭터의 평소 모습을 담은 그림이 특정 행동을 취하는 다른 그림으로 일시적으로 바뀔 수 있다. 이런 상호작용을 통해 방송 호스트는 시청자와 독특한 교감을 한다. 화면 속 세상이기에 가능한, 지극히 현대적인 풍경이다.

버추얼 아바타와 크리에이터 본인의 관계는 오묘해진다. 한 스트리머는 심층 인터뷰에서 버튜버 모델과 자신의 관계를 무대와 백스테이지로 묘사했다.[27] 그는 혹여나 시청자가 오프라인에서 "리얼한" 자신을 마주칠까 불편하다고 토로했다. 자신과 버튜버를 완전히 분리하는 스트리머도 있지만, 수 시간 모니터 속에서 자신을 따라 하는 3D 아바타를 보다가 방송이 끝나고 거울을 보면 자기 모습이 낯설게 느껴진다고 답하는 크리에이터도 있었다. 그들은 화면 속 자신을 가깝게, 동시에 멀게 느끼고 있었던 것이다

버추얼 크리에이터는 화면이 없이는 존재할 수 없는 직업이자 정체성이다. 그러므로 장비나 소프트웨어 등에 기술적인 문제가 발생했을 때 아예 방송을 할 수 없는 난감한 상황이 연출된다. 기술적 접근성이 좋아져서 버추얼을 택했지만, 그만큼 기술적 변수가 버튜버들의 스트레스 요인 중 하나다. 지극히 화면친화적인, 그러면서도 화면의존적인 세태를 상징하는 사례라 할 수 있다. 이 같은 의존이 나쁘다고 단언할 순 없다. 그저 새롭고 미묘한 경계선에 서 있는 지금 우리 주위의 현상인 것이다. 어쩌면 화면은 그동안 자기 안에 담고 있던 것보다도 훨씬 더 귀중하고 취약한 무언가를 품게 된 게 아닐까. 거울을 보며 스스로 낯설어한다는 어린 스트리머의 소회가 유독 뇌리에 남는다.

NPC에도 인공지능이 탑재되는 미래

앞으로 화면친화적인 삶은 어떤 모습이 될까. 현 시점 가장 낯설면서도 눈여겨볼 법한 변화는 아무래도 인공지능이다. 그 존재감이 흔해지는 화면이 미래 세대를 기다리고 있다. **지금까지의 인공지능은 주로 화면 속 깊숙이, 추천 알고리즘 같은 시스템으로 활동해 왔다. 그러나 앞으로는 화면 곳곳에 AI가 드러날 것이다.** 그 AI는 그동안 화면이 그러했듯이 인간이 쓰기 편한, 나아가 인간을 닮은 화면을 보여줄

것으로 예측된다. 그럼으로써 화면친화성을 강화하는 동시에 시험대에 오르지 않을까. 현실은 화면을, 화면은 현실을 거울 쌍처럼 닮아가고 있다. 이미 그 변화가 코앞에 다가왔다.

영화 〈프리가이(Free Guy)〉는 게임 NPC(Non Player Character)들이 주인공이다. NPC는 본래 정해진 스크립트에 따라 역할을 수행한다. 게이머들이 게임 속 은행을 터는 퀘스트를 받으면 은행에 쳐들어온 그들에 맞춰 은행에 있는 NPC들이 리액션을 한다. 그게 순리다. 그러나 영화에서 그려지는 오픈월드 게임 '프리시티'는 다르다. 평범한 NPC '가이'가 어느 날 돌발 행동을 시작하면서 게임 내 NPC들이 사실 독립적으로 동작하는 개체라는 사실이 드러난다.

인공지능 NPC가 정해진 시나리오를 벗어난다. 그런 상호작용이 가능하다는 이 영화의 설정은 화면 속 개체들이 독립적인 행위자처럼 보이게 한다. 이는 마치 '챗GPT(ChatGPT)'를 연상시킨다. 챗GPT는 2022년 여름 오픈AI에서 선보인 GPT-3.5기반의 언어 생성 모델이었다. 단어 사이의 연관 관계를 사전에 대량으로 학습한 인공지능 모델을 기반으로 채팅을 할 수 있는 서비스다. 랜덤으로 질문을 입력했을 때 정해진 답변이 아니라 질문에 얼추 들어맞는 답변을 예측해 출력할 수 있다.

챗GPT는 출시 두 달 만에 전 세계 유저 1억 명을 모을 정도로 엄청난 파급력을 보여줬다. 제법 자연스러운 대화가 가능할뿐더러 각종 자료 검색 및 요약이 월등하게 빨라졌다. 앞 질문에 바로 이어서 다음 질문을 하면 단기간 동안은 대화의 흐름을 기억하는 것처럼 대답을 내놓는다. 고정된 답변을 되풀이하는 시나리오 기반 챗봇을 주로 접하다가 비정형적인 답변을 주는 챗GPT를 쓰면 그 격차를 확연히 느낄 수 있다. 어떤 자동화된 기계의 존재감이다.

Bloc이라는 유튜버는 본인이 평소에 즐겨하는 게임을 직접 커스터마이징했다. 스토리 엔진과 챗GPT 기능을 결합했다. 게임 내에 NPC에게 무엇이든 물어볼 수 있는 창을 직접 추가했다. 질문을 입력하면 스토리 내의 정보와 챗GPT를 기반으로 NPC가 보다 자연스러운 답변을 생성하는 모드를 개발해 넣은 것이다. 일반적으로 NPC에게 말을 걸 때는 물어볼 수 있는 질문이나 인터랙션이 정해져 있는데, 이 모드에서는 비어 있는 채팅창과 대화창으로 대화가 전개된다.

이 유튜버는 플레이어로서 여러 NPC에게 랜덤으로 대화를 건네는 장면을 영상에 담았다.[28] 한 건장한 여자 NPC에게 "네가 누구냐"라고 묻자 이 NPC는 자신의 이름과 직업(대장장이), 출신지를 답했다. 그러면서 "뭐 시킬 일이 있나요?" 되묻는다. 그러자 플레이어는 엉뚱한 말을 입력했다. "여자 대장장이? 흥미롭군. (게임 내 국가에서) 그게 허용되는지 몰랐다." 애초에 대화창으로 직접 대사를 입력할 수 있으니 자유도 높은 대화가, 마치 진짜 사람에게 질문을 던지듯 맘대로 샛길로 빠질 수 있었다.

보통 NPC는 이런 돌발적인 질문에 답할 수 없다. NPC가 대답 끝에 질문을 이어갈 만한 질문을 역으로 건네는 경우는 더더욱 드물다. 미리 기획된 시나리오가 아니라면 불가능에 가까운 인터랙션이다. 그러나 인공지능 언어 모델을 삽입한 NPC는 먹통이 되지 않았다. 그럴 듯한 응답을 했다. "나는 사별한 남편의 과업을 이어 가족을 먹여 살리고 있다"라고 호흡을 맞춘다. 이윽고 플레이어는 유감을 표했다. "어쩌다 남편을 잃었느냐"라고 물었다. 질문과 답변의 핑퐁이 여기까지 온 것만으로도 놀랍다. NPC는 어떤 사건으로 남편을 잃었는지, 얼마나 비극적인 일이었는지, 그럼에도 남겨진 가족들을 위해 이겨내려 한다는 사적인(?) 이야기를 들려줬다.

"다시금 유감이다. 이제 가던 길 가봐야겠다. 좋은 하루 보내라"라는 플레이어의 인사와 "고맙다. 안전한 여행이 되길 축복한다"라는 NPC의 인사로 화면 속 대화는 매듭지어졌다. 물론 NPC의 반응은 입력된 스토리라인에 맞춰, 게임 속 세계관 정보에 따라 AI 모델이 적당히 연관성 있는 출력을 한 것이다. 기계적이다. 그러나 대화의 내용만 놓고 봤을 때 사람과 나눈 그것과 다를 바 없다는 걸 느낄 수 있다.

이처럼 앞으로는 네트워크가 현실감마저 덧입게 되지 않을까. 그렇다면 더더욱 온라인이 기존의 가치 체계를 뒤바꾸지 않을까. **온라인으로 찾아낸 인간관계에 인공지능이 추가되고, 화면 속 세상이 훨씬 리얼한 경험을 주는 미래**를 더는 공상과학이라 치부할 수 있을지 의문이다. 이들이 '가짜 친구'가 되고, 심지어 아이들이 선망하는 롤모델이 되는 날도 머지않았다. 기성세대가 상상하지 못했던 질문들이, 경계가 파괴되는 내일이 지금의 N세대를 기다리고 있다.

스스로 질문의 답변자가 돼야 한다

모르고 지나친다. 이 지점에서 온라인 디폴트는 난감한 생각거리를 안겨준다. **화면 속 '가짜'가 가짜인 줄 모르면 안 된다는 위기감**을 낳는다. 멀리서 예시를 찾을 필요도 없다. 보이스피싱 같은 사기 범죄가 기술의 힘을 빌려 심화하는 요즘이다. 목소리에 영상까지 위조하는 신종 사기가 기승을 부린다.[29] 생성형 AI로 실사에 가까운 사진 이미지를 만들면 사실상 물리적인 촬영본과 구분하기 쉽지 않다. 그러면서 미국 전 대통령이 경찰에 연행되는 가짜 사진 등이 헤드라인을 장식한다.[30] 이러다간 소셜미디어에 게재한 사진마다 보정 표시를 하듯이 AI의 산물에도 표식을 달아야 하는 날이 머지않아 보인다.

미국에서 가장 오래된 사전 출판사인 메리엄웹스터는 2023년 올해의 단어로 'Authentic'을 선정했다.[31] '진짜' '참된' '진정한'이라는 뜻을 가진 형용사다. 올해 많이 검색된 단어 중 고른 키워드라고 한다. 납득할 만하다. 가짜뉴스는 여론뿐 아니라 주식시장, 선거까지 뒤흔들 정도로 파급력을 키웠다. **진짜와 가짜의 경계가 화면 속에서 얼마나 모호해졌는지, 우리가 얼마나 화면친화적으로 살고 있는지 가늠할 수 있다.** 지금의 추세로 미뤄볼 때 화면의존성은 젊은 세대가 고민할 수밖에 없는 미래의 쟁점이다. 화면이 꺼지지 않는 이들에게 '화면친화적으로 살아도 될까'라는 우려는 뒤로 미룰 수 없는 의제로 떠올랐다.

디지털 조작 이미지 탐지 분야의 전문가인 하니 파리드 캘리포니아 버클리대 교수는 《월 스트리트 저널》과의 인터뷰에서 이렇게 반문한다.[32] "인공지능이 생성한 이미지들은 갈수록 현실과 구분하기 어려워지고 있습니다. 하지만 그렇게까지 완벽해야 할 필요가 있을까요? 왜 그래야만 하는지 한 번쯤은 짚고 넘어가야 합니다." 이러한 질문에 응답하듯, 한쪽으로 기울어진 화면에 밸런스를 맞추려는 반격도 이어지고 있다. 대화형 AI의 답변이 표절에 해당하는지 검사하는 소프트웨어,[33] 혹은 생성형 AI가 '리얼한' 산출물을 내놓을 수 없도록 데이터 처리를 해두는 이미지 프로그램[34] 등이 속속들이 나타났다. 구글은 특정 이미지가 실제인지 식별하는 데 필요한 이미지 세부 정보를 확인하는 기능을 선보이기도 했다.[35] 대표적인 AI 주자인 오픈AI와 마이크로소프트를 상대로《뉴욕타임스(New York Times)》지가 저작권 소송을 제기하는 등 사회적으로도 반작용이 잇따른다.[36]

화면이 인간에 맞춰 다시금 변화를 모색하는 동안 아이들도 나름의 대안을 찾아간다. 예컨대 한 인간-컴퓨터 상호작용 학회에서는 **'의심하는 Z세대'**에 대한 연구가 발표됐다.[37] 지금의 N세대 중에는 화면을 쉽게 믿지 않는 아이들도 있다는 내용이었다. 인터뷰이로 참여한 10대 학생 셸리는 자신이 인터넷에서 접한 게시물을 어떻게 대하는지 설명했다. 일단 댓글 반응을 먼저 확인한다. 이후 구글에 따로 관련 내용을 검색해 크로스체크도 한다. 당연히 자신의 신뢰하는 크리에이터의 의견도 참고한다. 비슷한 연령대의 학생 맥스도 비슷하다. 댓글 창을 확인해 봤을 때 누군가 '이거 가짜 아니냐'라는 반응을 남겼다면 본인도 한 번 더 생각해 보고, 이것저것 살펴본다.

설령 가난하기 때문에 화면친화성을 취했더라도 젊은 세대는 화면 안으로부터 '삶'을 길어냈다. 주변에 부재한 인간관계를 온라인에서 발견하거나, 게임을 통해 재미와 재능을 찾거나, 기꺼이 커뮤니티를 이루는 식이다. 그러면서 그들의 얼굴, 목소리, 일상, 심지어 재산까지 화면 안에 고스란히 담기게 됐다. 그러나 화면에 대한 친화를 넘어 많은 이들이 화면의존성을 고민할 정도로 이 매개체와 밀착하면서

전에 없던 고민이 시작됐다. 이대로 괜찮을까. 어떻게 살아야 하나. 아이들은 누구도 가 보지 않은 그 길을 걸으며 스스로 질문의 답변자가 돼야 하는 상황에 놓여 있다. 그들의 화면 속에서 무슨 일이 벌어지고 있는지 한 번쯤 최우선순위로 다뤄보면 어떨까. 기성세대가 중시하는 정치, 사회, 경제 분야와 IT의 영역은 이제 그 명확한 경계와 우선순위를 가릴 수 없을 정도로 중첩되고 있다. 지금 미래 세대의 삶 깊숙이 자리 잡은 미디어 환경과 이해관계를 직시해야 앞으로 이 사회가 짚고 넘어가야 할 화두를 제대로 논의할 수 있을 것이다.

6장 지속가능성을 위한 저항

"부모님 계정에서 제 사진 지워주세요"

미국 워싱턴주에서는 'HB 1627'이라는 법안이 발의됐다.[1] HB 1627의 골자는 "영리 목적의 가족 브이로그로부터 미성년자 자녀를 보호한다"이다. 이 규제는 뷰(view)당 최소 10센트(한화 약 450원)를 창출하며 (대가를 받고 제작된) 콘텐츠의 30퍼센트 이상 자녀를 노출하는 크리에이터를 겨냥했다. 조항에 따르면 당사자인 미성년자 자녀가 요청할 시 플랫폼은 관련 콘텐츠를 반드시 삭제해야 한다.

해당 법안은 **셰어런팅(Sharenting)**에 대한 경각심에서 비롯됐다. 셰어런팅이란 보호자가 아동을 돌볼 때(parenting) 아동의 일상을 콘텐츠로 소셜미디어에 공유하는(sharing) 것을 뜻하는 신조어다. 화면을 현실로 병행해 온 N세대가 부모가 되며 나타난 현상이다.

셰어런팅 자체에는 부모의 개인적인 동기가 주요하게 작동할 것이다. 하지만 이로 인해 사회적인 문제가 발생하는 것 또한 엄연한 사실이다. 다국적 금융서비스사 '바클리스(Barclays PLC)'에 따르면 2030년 갓 성인이 된 사람들에게 일어날 신분 도용 문제의 약 3분의 2가 부모에 의한 셰어런팅에서 기인할 것으로 예측됐다.[2]

HB 1627 법안을 처음 제안한 사람은 열여덟 살의 대학교 신입생이었다. 의미심장하다. 또한 법안 심의 현장에는 캠(Cam)이라는 틱톡커가 증인으로 참석했다. 캠은 자신의 법적 이름을 밝히기 꺼려했다. 이를 구글링할 경우 본인의 어린 시절 사진들이 검색되는 탓이다. 그는 구글에서 검색되는 사진이 예전에 본인의 엄마가 인터넷에 올렸던 것들이라고 주장했다.

캠은 '동의 없이 수익화를 거친 콘텐츠에 대해 아동의 지분을 ○○퍼센트 따로 예치해야 한다'라는 법안의 조항만으론 불충분하다는 입장을 내비쳤다.[3] **누구에게나 자기 얼굴을 지울 권리가 필요했다.** 캠에게도 동일했다. 그는 성인이 되고 있는 틱톡커로서 온라인 현장 속 아이들의 초상권, 성장 과정, 사춘기 정신건강 이슈 등이 보호받아야 한다는 취지를 강조했다. 과거와 현재의 자신을 위해, 자기 의사와 무관하게 노출된 어린 시절을 구제하고자 지금의 N세대는 용기를 내 어려운 걸음을 했다.

항간에서는 아이들이 화면을 끼고 산다고 지적한다. 문제는 오로지 그들인 것처럼 말한다. 하지만 현실은 미묘하다. 미국의 여론조사 기관 '해리스 폴(Harris Poll)' 설문에 따르면 Z세대 응답자의 약 38퍼센트만이 메타버스가 '다가올 대세'이며 수년 안에 우리 삶의 일부로 자리 잡을 것으로 내다봤다.[4] 오히려 밀레니얼 세대(25~40세) 응답자의 48퍼센트가 메타버스가 대세가 될 것이라고 전망했다. 메타버스에 있는 독특한 디지털 아이템에 돈을 쓰겠냐는 질문에 '그럴 가치가 있다'고 대답한 비율 또한 Z세대 응답자(37퍼센트)가 밀레니얼(51퍼센트) 응답자보다 적었다. 이 책의 1장에서 상술했던 것처럼, 지금의 N세대가 등장하기 훨씬 전부터 N세대라는 개념이 있었다는 걸 우리는 종종 간과하는 듯하다.

애당초 화면이 야기하는 각종 소란과 부침은 어른들의 산물이라는 걸 외면해선 안 된다. 도리어 젊은 세대는 이미 만들어진 화면 속 세상을 '태어나서부터' 바로 마주해야만 했던 사람들이었다. 이들은 화면친화적으로 거기에 동화하면서도 '이대로 괜찮은가' 질문할 수밖에 없는 당사자에 가깝다. 하지만 책의 4장에서 짚었듯이 화면에 대한 미래세대의 질문은 기성세대로부터 답변을 얻기 어려울 때가 많다. 그래서 (어쩌면, 어쩔 수 없이) 젊은이들은 '이대로 괜찮은가'라고 질문하는 동시에 스스로 답변하는 주체가 돼야 한다.

기성세대가 화면의 명암을 만들었다면, 그들의 자식들은 그 명암을 안고 살아가야 한다. 거기에서 그치지 않고, 몇몇 젊은이들은 자신을 둘러싼 빛을 좇고 어둠을 해소하고자 노력한다. 셰어런팅의 직간접적인 피해자가 됐지만 누구보다 먼저 나서서 셰어런팅의 부작용을 지적하는 것처럼. 그들은 이 세상이 어떻게 화면을 활용해야 할지, 여러 문제를 극복하고 해결하기 위해 어떤 조치가 필요한지, 앞으로 같은 부작용을 막기 위해서는 무슨 정책적 대안이 필요한지에 관해 적극적으로 목소리를 내고 있다. 화면을 만든 어른들이 브레이크 없이 내달릴 동안 적절한 제동 장치를 통해서 균형을 잡고자 한다. 그것은 **삶의 균형을 위한 안간힘**이다. 그들 중에선 그 어느 세대보다 화면친화적인(혹은 화면의존적인) 사람들의 비율이 높을 것이기 때문이다. 일평생 온라인 디폴트의 세계에서 살아가야 하는 아이들이 화면에 저항하는 맥락이다.

화면과 중독의 상관관계

"우리는 우리도 모른 채 중독돼 있다." 2013년의 TED 강연에서 의사이자 영양학, 신진대사학 전문가인 파멜라 피케는 현대인의 라이프스타일 자체가 '중독적(addictive)'이라고 강조했다.[5] 현대인들은 마약에 사로잡히는 것처럼 달고 짠 음식에 중독되고, 술과 담배의 유혹을 받는다. 그의 강연 당시 전 세계 10억 명이 쓸 만큼 널리 사랑받았던 페이스북은 하루에도 수차례 접속하는 유저들로 붐볐다. 피케는 이를 "가짜 위안(false fix)"이라고 소개한다. 우리의 심신은 당장 달달한 보상을 얻은 듯하나, 사실 일상이 "후킹되고, 해킹되며, 납치되는 듯한(hooked, hacked, hijacked)" 중독으로 구성돼 있다는 것이다.

중독은 기본적으로 시간을 잡아먹는다. 그 대상이 없으면 "정신적, 신체적으로 정상성을 유지하지 못하는 상태"가 되기 때문에 그에 사로잡혀 흠뻑 젖어든다. 그걸 즐긴다(고 착각한다). 나중에는 가짜 위안이 주는 실제 즐거움보다 그것의 부재로 인한 고통이 부각된다. 고통스럽지 않기 위해 허울에 사로잡히고, 수렁에 빠진다. 외로움의 즉각적인 해결, 궁금증의 즉시적인 해소, 불안함을 한순간 덮어주는 인풋(input, 자극)이 우리의 시간을 에워싼다.

이러한 맥락에서 화면은 **무조건적으로 시간을 빨아들이는 블랙홀**로 악명을 떨치기도 한다. 가짜 위안을 동력으로 삼는 비즈니스 모델은 화면을 무기로 삼아 사람들의 비는 시간에 '뭐라도 욱여넣는' 행동을 유도할 수 있다. 드물지 않은 사례다. 영상 자동재생과 같이 "디지털 슬롯머신"에 비유되는 일부 소셜미디어 기능들이 대표적인 케이스다.[6] 화면에 더 많은 돈이나 시간을 쓰도록 유도하는 데 골몰한 흔적들이 구석구석 엿보인다. '레버를 당기면 무언가 나오는구나, 당장 뭐라도 행동할 수 있구나.' 이처럼 화면이 주는 가짜 위안은 인간의 연약한 살을 겨냥한다. 손쉽고 충동적으로 동기를 불어넣는다.

분명 화면은 인간의 몸과 물리적으로, 태생적으로 분절돼 있다. 그러다 보니 화면을 만드는 어른들은 화면의존성을 불러일으키고 싶은 유혹을 받는다. **'화면은 강제할 수 없다'는 근본적인 한계를 뛰어넘고자 종종 '벗어날 수 없는 관계'를 전략으로 설정하는 것이다.** 떼려야 뗄 수 없는 관계, 모종의 의존성을 형성해서 사람들이 수시로 시간을, 마음을 내어주는 큰 그림을 그린다. 피차 도움을 주고받는 상생 관계라면 그나마 다행이다. 그걸 넘어 질척한 의존 관계를 맺는 데 혈안이 되기까지 한다. 그래야 화면 밖에 있는 사람을 움직여 그들의 시간을 속속들이 취할 수 있을 테니까.

2020년 작 다큐멘터리 〈소셜 딜레마(The Social Dilemma)〉에는 '디자인 윤리학자'로 잘 알려진 트리스턴 해리스(Tristan Harris)의 인터뷰가 포함돼 있다.[7] 이 작품에서 해리스는 소셜미디어의 타깃 광고에 초점을 맞춰 화면의 현실을 강도 높게 꼬집었다. 해리스는 '인간을 위한 도구'의 측면에서 자전거라는 비유를 들고 있다. 그의 말마따나 자전거가 부모와 자녀를 멀어지게 만들었다거나 민주주의를 근간부터 흔든다고 걱정하는 사람은 없다. 보통 도구는 쓰지 않을 때 인간을 가만히 기다리고 있기 때문이다. 허나 어떤 도구가 "당신을 유혹하고(알림, 무한 스크롤, 타이핑 중 표시), 조종하려 하고(필터 버블, 검색 추천 개인화), 당신에게 뭔가 요구한다면" 더는 그것이 단순한 도구에 그치지 않는다고 그는 힘주어 말했다.

"가짜 위안"에 대한 경고가 전파를 탄 지 10년 이상 지났다. 지금 상황은 어떤가. 화면은 우리의 사소한 것부터 귀중한 것까지 모든 삶을 기록하고 아우른다. 이와 같은 온라인 디폴트를 일상으로 받아들인 사람들이, 특히 젊은 세대가 점차 늘어간다. 온라인을 제 몸처럼 수용하다 보니 거기에 단지 몰입한 건지, 의존하는 상태인지 갈피를 잡지 못하는 순간들이 쌓여간다. 답을 미룬 질문이 부채로 늘어난다. 어디까지 받아들여야 할까. 지혜를 구하는 사이, 화면을 만드는 손길은 거침없고 대범한 행보를 이어간다. **새로운 규범**이 필요하다고 아이들이 외치는 동안에도 맹목적인 질주는 멈출 기미를 보이지 않는다.

꿈조차 온전히 내 것일 수 없다면

시간을 되돌려 과거로 돌아가 보자. 그때는 지금처럼 화면의 설계자들이 우리 일상 틈틈이 끼어 있는 게 이상한 일이었다. 100년 전만 해도 매체의 상업화는 생경했다. 1920년대에는 라디오에서 광고를 트는 것조차 논란을 불러일으켰다.[8] 상업적인 메시지가 가정에 침범할 생각을 말아야 한다는 주장마저 제기됐다. '가정은 공공의 영역이 아니므로 광고업은 초대받지 않은 손님'이라는 것이었다. 라디오를 듣는 시간은 차라리 상업적인 영역이 아닌 국가의 소관으로 여겨졌다. 기업이 출퇴근, 근무 시간 등 고용인의 노동에 관한 시간을 규정할 순 있어도 누군가의 일상에 관한 모든 재량적인 시간을 넘보긴 어려웠다.

100년 만에 우리는 공사(公私)를 넘나드는 상업적 라이프스타일을 갖추게 되었다. 1분 1초가 '사용'된다. 관광지마다 포토 존을 세운다. 사진을 찍어 인터넷에 올리라고 손짓한다. 예쁜 먹거리와 공간을 만드는 사람과 그 콘텐츠를 더 예쁘게 찍어 올리는 사람이 공생한다. 일반인의 연애사를 낱낱이 알게 되고, 만보기 앱으로 포인트를 모으며 중간 중간 광고를 시청한다. 자신의 시간을 매물로 올려 금 시세처럼 거래 가격을 매기는 서비스도 생겼다.[9] 이러한 미디어 환경에서 자란 알파세대야말로 자본주의의 생리를 가장 깊숙하게 체감하며 살아간다 봐도 틀리진 않을 것이다. 이들을 가리키는 **"뼛속까지 자본주의"**라는 표현마저 등장했다.[10]

꿈자리에서조차 각축전이 벌어질 수 있다. 당신의 꿈에 들어가고 싶어 하는 이들이 있다. 기업들은 중독성 강한 CM송으로 뇌리에 각인되는 수준에서 만족할 수 없다. 당신이 잠든 사이에 뭐라도 떠올리길, 떠올린 끝에 자신들의 제품이나 서비스를 다시 찾기를 고대한다. '쿠어스 브루잉 컴퍼니(Coors Brewing Company)'라는 맥주 회사는 꿈의 세계를 탐구하기 위해 흥미로운 실험까지 설계했다.[11] 18명의 피실험자는 잠에 들기 전에 기묘한 영상물을 시청했다. 신디사이저가 깔린 배경음악에 맞춰 여러 이미지가 반복 재생됐다. 대자연과 물, 아무 연관 없는 동물이나 무생물 피사체, 여기에 다양한 맥주와 같은 상쾌한 테마의 이미지들이 그것이었다.[12] 이 영상을 시청한 후 피실험자는 영상에 흐르던 배경음악을 8시간 동안 들으며 잠을 청했다.

이 연구가 확인하고 싶었던 것은 한 가지였다. 맥주에 대해 꿈을 꾸도록 무의식에 영향을 끼칠 수 있는가? 이는 **'꿈 표적 인큐베이팅(Targeted Dream Incubation, TDI)'**이라고도 불리는 시도다. 신기하게도 실험 참가자 10명 중 3명이 꿈에서 해당 맥주 제품 이미지가 나왔다고 응답했다. 꿈은 전날 기억과 기존의 기억을 연결하고 재구성하는 일련의 과정이라 할 수 있는데, 그렇다면 우리가 매일 1만 개 가까이 접하는 광고 이미지가 분명 우리의 꿈에도 영향을 미칠 수 있을 것이다.[13]

일개 회사의 일탈이 아니다. 마이크로소프트도 TDI를 고려했었다.[14] 마이크로소프트의 임직원들은 게이머 본인이 가장 좋아하는 '엑스박스(Xbox)' 게임이 꿈에 등장할지 궁금해했다. 2018년 버거킹에서 출시한 '나이트메어 버거'의 경우, 피실험자가 자기 전 해당 제품을 먹을 경우 악몽을 꿀 확률이 3.5배 증가했다는 연구도 진행된 바 있다.[15] 수면 기기를 개발하는 스타트업이 유수의 대기업으로부터 상업적으로 꿈을 유도하는 솔루션에 대한 의뢰를 받는 것 또한 사실이다.[16] 나조차 어찌할 수 없는 꿈자리를 타인이 눈독 들인다니, 오싹하다. 당연히 현실 세계에서 TDI가 실현되기는 아주 어렵겠지만, 나의 뇌와 일상 구석구석 침투하려는 기업들의 일관된 방향성을 엿볼 수 있다.

하버드 의과대학 정신과의 로버트 스티크골드 교수는 TDI를 "꿈을 무기화하는 것"이라고 강도 높게 비판했다. 그는 TDI가 사람들이 자신에게 어떤 일이 가해지는지 모른 채 중독성 약물에 빠져드는 것과 같다고 꼬집었다. 수면과 꿈을 연구하는 35명의 전문가들 역시 2021년 공개서한을 통해서 이에 관한 우려를 표했다.[17] 그들은 서한에서 한 연구를 인용했다. 수면 중에 담배 냄새와 썩은 달걀 냄새에 함께 노출된 피실험자는 다음 주에 평소보다 30퍼센트 적게 흡연한다는 내용의 연구였다. 스티크골드 교수는 맥주 회사 쿠어스 브루잉 컴퍼니의 TDI 실험이 이 연구와 정확히 정반대의 시도라고 지적했다. 소비자들이 본인도 모르는 사이에 평소보다 더 흡연하고 음주하고 소비하게 만들고자 하는 계략이라는 것이다.

돈을 버는 그 자체가 나쁜 게 아니다. 우리는 화면을 만드는 데 얼마나 많은 정성과 비용이 들어가는지, 그럼으로써 지금 세상에 어떤 가능성이 펼쳐졌는지를 앞서 여러 장을 통해 톺아봤다. 그러나 이 사회가 미래 세대에게 어떤 화면을 물려주려 하는지 돌이켜 보면 쓴웃음이 흘러나올 때가 많다. 화면은 사람과 사람을 연결하는 장으로, 이전에는 엄두 내지 못했던 직업과 삶의 양식을 도전하는 관문으로 성장했다. 그러나 다른 한편 우리는 사람을 잡아당기는 화면에 지나치게 매몰돼 있었고, 그런 매몰을 권장하거나 강제하는 이들을 제대로 경계하지 못했던 건 아닐까. 그로 인해 발생한 문제를 그때그때 제대로 보듬어왔는가, 아니면 대수롭지 않게 넘어갔는가. 이제는 솔직히 고백할 때다. 지속가능하지 않은 관계는 위태롭고 해로울 뿐이다.

지금까지와 다른 길은 가능할까?

젊은 세대는 자구책을 모색하고 있다. **'멍청이폰**(dumb phone)**'**은 하나의 징후다. 놀랍게도 영미권 Z세대 사이에서는 스마트폰에 있을 법한 기능을 최대한 제외시킨 휴대폰이 주목받고 있다. 전화, 문자 같은 기본 기능에 충실한 휴대전화다. 글로벌 마케팅사 'SEM 러시'에 따르면 2018~2021년 사이 멍청이폰 구글 검색량은 89퍼센트가량 증가했다.[18] 2000년대 주로 쓰였던 피처폰 시장이 2023년에도 280만 대씩 꾸준히 판매된다는 분석도 나온다.[19] 아예 멍청이폰을 신제품으로 선보이는 벤처 회사가 등장할 정도다.

'라이트폰'이라는 회사는 주의력과 시간의 희소성을 강조하면서 **"우리는 삶을 되돌린다"**라는 광고 카피를 차용했다.[20] 자사 제품에는 소셜미디어, 낚시성 기사, 이메일 알림, 인터넷 검색 사이트, 무한 피드를 탑재하지 않는다고도 선전한다. 문자, 팟캐스트 청취 등이 최소한의 기능만 갖춘 휴대전화를 개발한다는 기조 아래 라이트폰은 2021년 당시 전년 대비 150퍼센트 이상의 매출을 올렸다. 회사에 따르면 초기 고객들은 이 휴대기기를 스마트폰의 보조 도구로 사용했고, 주말만큼은 스마트폰에서 벗어나기 위한 수단으로 취급했다. 지금은 절반 이상의 고객이 '멍청이폰'을 자신의 메인폰으로 사용하고 있다.

언론 인터뷰에서 라이트폰의 공동창업자 카이웨이 탕(Kaiwei Tang)이 건넨 한마디가 인상 깊었다. "만약 외계인이 지구인을 본다면, 스마트폰이라는 종족이 인류의 우위에 서서 컨트롤 하고 있다고 볼 것이다." 이와 같은 컨트롤이 점점 더 심화하는 걸 지켜보면서 결국 소비자가 먼저 **'무언가 잘못됐다'**고 대응하기 시작했다는 설명이다. 실제로 틱톡에서는 #MonkMode(#수도사모드)라는 해시태그를 건 영상들의 총 조회 수가 7500만 회를 넘겼다. 소셜미디어에서 술도, 담배도, 소셜미디어도 끊고 명상을 하자는 '무해한 라이프스타일'에 대한 콘텐츠들이 인기를 얻는, 아이러니한 풍경이다.

이러한 흐름에서 젊은 세대의 온라인 디폴트는 다채롭고 역동적인 양상으로 발전한다. 한편에서 그들은 화면을 빼놓고 일상을 논할 수 없는, 그야말로 디폴트의 상태로 살아간다. 그만큼 이미 화면은, 화면을 통해 우리가 영위해 온 하루는 자연스럽고 필수적인 일상이 됐다. 말 그대로, 화면친화적인 삶 그 자체와 같다. 그러나 지속가능성에 대한 의문이 남아 있다. 그래서 그들은 자기 시간을 되찾고자 대안을 간구하는 분위기다. 일부러 알림 끄기 기능을 적극적으로 사용한다거나, 소셜미디어를 접고서 뉴스레터와 같이 발행 주기가 긴 매체 위주로 콘텐츠를 소비하는 식으로 **자기 조절**을 고민하는 모양새다. '그게 의미가 있겠어?'라고 비관하는 동안 아이들은 화면 속에서도 제 살 길을 찾고자 애쓰고 있다.

'저의 잘못을 고백합니다'

온라인 디폴트의 지속가능성에 대한 우려는 전방위적이다. 화면의 설계자들도 그에 대한 증인으로 나선다. 위에서 아래로 끝없이 펼쳐지는 **'무한 스크롤링**(infinite scrolling)**'**을 고안했던 디자이너 아자 래스

킨(Azar Raskin)은 2018년《BBC》와의 인터뷰에서 "후회한다"라고 고백한 바 있다.[21] 무한 스크롤이란 화면을 위에서 아래로 쭉 내리는 방식의 패턴이다. 이는 하나의 화면에서 다른 화면으로 넘어가기 위해 화살표나 숫자를 눌러야 했던 그간의 경험을 완전히 바꿔놨다. 엄지손가락만 움직여 한없이 내려갈 수 있는 화면이 등장했다. 이러한 디자인으로 인해 너무나 많은 사람들이 스마트폰 화면만 들여다보게 됐다는 후회가 설계자 본인의 고백으로 이어진 것이다.

무한 스크롤을 하며 글이나 영상을 보다 보면 순식간에 시간이 흘러가 버린다. 인스타그램의 '릴스'를 예로 들어보자면, 앱을 켜자마자 영상이 바로 재생된다. 영상이 재미없다면 위에서 아래로, 화면을 슥 넘기기만 하면 된다. 그러면 내가 오래 시청할 만한 새로운 영상이 바로 재생된다. 화면에 표시돼 있는 댓글 수가 제법 많다면, 호기심에 댓글창도 열어본다. 남들이 쓴 댓글을 찬찬히 보다가 내가 공감하는 의견에 하트를 누르면서 시간을 보낸다. 짧은 영상들은 주로 궁금증을 불러일으키는 서두로 시작되어 시청자들의 주의를 집중시킨다. 심지어 1분에서 1분 30초에 달하는 영상의 맨 마지막 화면과 맨 처음 화면이 이어지도록 제작되어 이를 끊임없이 시청하도록 유도하기도 한다.

《네이처(Nature)》 지에 게재된 한 연구에서는 이와 같이 끊임없이 화면을 보며 그 안에서 상호작용을 하는 방식을 **"오픈게임"**[22]이라고 비유했다. '오픈게임'이란 말 그대로 **게임 플레이가 끝나지 않도록 만들어진 시스템**이다. 이 시스템은 끊임없이 새로운 볼거리가 업데이트되면서 참여자들이 할 거리가 마르지 않는 게임식을 뜻한다. 연구

진의 눈에 온라인 디폴트의 화면 속 세계는 이러한 오픈게임의 형태를 차용한다. 앞서 게임은 적당한 난이도의 목표를 설정해 사람들이 적절히 상호작용을 하며 목표에 도달하는 과정에서 몰입에 빠져든다고 설명한 바 있다. 오픈게임은 여기서 조금 더 나아간다. 오픈게임은 잠깐씩 화면에 몰입해 있던 사람이 잠시라도 눈을 떼지 못하도록 목표와 난이도와 상호작용을 '끊임없이 재설정하는' 화면이라 할 수 있다.

무한 스크롤링에서는 어떤 오픈게임이 펼쳐지는가. 누군가가 화면을 위에서 아래로 훑는 것만으로도 새로운 볼거리가 추가된다. 알고리즘이 떠먹여 주는 내용물을 받아먹으면서 내가 화면을 넘기는 대로 즉각 반응을 얻는다. 거기서는 '무언가 흥미로운 걸 본다'는 단순한 미션이 꼬리에 꼬리를 물고 이어진다. 오픈게임의 대표적인, 직관적인 예시 중 하나다. 이처럼 전략적으로 오픈게임이 돼 가는 화면 속 세상은 설계자들이 억지로 애쓰지 않아도 사람들이 알아서 화면에 몰두하는 세태를 낳았다. 끝없이 이어지는 게임으로 사람들의 관심을, 시간을, 종국에는 마음과 지갑까지 얻기 위함이다.

허나 지속가능성 없이 오픈게임을 이어갈 순 없는 법이다. **화면친화성이 화면에 대한 의존과 분간하기 어려운 임계치에 다다르며, 지금은 화면을 만드는 사람들도 우려를 표한다.** 윤리적인 디자인 내지는 '무해한 디자인'의 필요성을 주창하는 목소리가 나오는 건 이 때문이다. 단지 정치적인 올바름을 추구해서가 아니라 최소한의 지속가능성을 담보했을 때 온라인 디폴트라는, 새롭고도 다채로운 N세대의 라이프스타일이 오래 이어질 수 있는 까닭이다. 이런 움직임은 우리 모두가 화면을 넘나들며 최선을 다해 살아가기 위한 최소한의 것이 아닐까. 화면에 대한 경고는 곧 생에 대한 애착에서 비롯된다.

이대로는 어두운 미래뿐일지 몰라

안타깝게도 미래는 마냥 유쾌하지 않다. IT 전문가들은 경고한다. 현재 추세가 확장된다면 개인의 삶이 더 나아지지 않을 것이다.[23] 화면이 인간과 공존하는 현재의 방식을 한결같이 경계하는 톤이라고 할 수 있다. 디지털 삶(Digital Life)으로 인해 인류가 얻는 가치 전반은 긍정적으로 평가할 수 있지만, 부정적인 영향도 함께 자라났다는 것을 더는 외면하기 힘들다는 공감대가 형성되었다.

이런 문제의 근본적인 원인은 무엇일까. 무엇보다도 **화면의 세계를 좌지우지하는 테크 기업들의 지나친 권력 집중과 지배적인 구도**를 지적하지 않을 수 없다. 현재로선 소수의 테크 기업이 화면 속 세상을 조형한다. 이러한 경향은 미래에는 더 강화할 것으로 풀이된다. 2018년에 이미 온라인 생태계를 좌우하는 대표적인 기업을 '빅9'(구글, 마이크로소프트, 아마존, 페이스북, IBM, 애플, 바이두, 알리바바, 텐센트)라고 호명한바,[24] 2022년 생성형 AI 붐이 일었을 때도 사실상 소수의 기업이 미래를 결정하는 것처럼 비쳐졌다. 그래서일까. 2023년 당시 오픈AI 수장과 이사회가 의견 차를 보이며 대립한다는 기사가 보도됐을 때 전 세계가 들썩일 정도로 중대한 사안으로 다뤄졌다.[25] 그만큼 특정 기업가의 철학에 사람들의 삶이 좌우되는 까닭이다. 몇몇 기업의 이해관계와 사업 모델이 인터넷에 거하는 인류 전체에 영향을 미치고 있고, 앞으로는 그러한 경향이 더해질 것이다.

실제로 전문가들은 화면을 구축하는 테크 기업과 자본의 수익 구조 중에 최대한 유저를 트래킹하고, 의존도를 높이는 데 초점을 두는 경우가 적지 않다고 꼬집는다. 이는 민주주의, 개인의 행복과 삶의 만족도와 배치되곤 한다. 데이트 앱 입장에서 유저가 데이트에 성공해 결혼하는 것은 유저 이탈을 의미하는바, 기업이 겉으로 강조하는 지향점이 비즈니스 모델과 조응하지 않는 케이스를 흔히 찾아볼 수 있다. 화면 속 디즈니랜드의 속사정이 엇비슷하지 않을까. 개인과 사회가 건강하게 지속할 수 있는 방법과 화면이 지금까지 규모를 키워온 방법이 서로 다른 이해관계에 놓여 있다는 뜻이다.

심지어 화면이 인간의 컨트롤을 벗어날 확률도 커졌다. 플랫폼이 거대해지면 플랫폼 내에서 벌어지는 인간군상, 온갖 행태를 다 파악하고 대처할 순 없다. AI 소셜 챗봇이 대화 중 자살을 권유한다. 실제로 목숨을 끊는 비보가 보도된다.[26] 악용이나 악영향을 막기 위해 설계를 가다듬는대도 똑똑한 도구를 완벽히 통제하긴 불가능할 것이다. 화면이 고삐 풀려 날뛰지 않도록 평소에 관리도 하고, 만약을 대비해야 한다. 그러나 수익 극대화의 논리에 따라 유저의 화면의존성을 높여온 화면 설계자들은 바로 같은 논리 때문에 윤리 담당 부서를 축소, 해체하여 사회의 비판을 면치 못하고 있는 게 작금의 현실이다.[27]

유저들도 어렴풋이 인지하고 있다. 거대 기술 기업의 지향점이 꼭 나의 행복과 일치하진 않을 수도 있다는 것을. 오래 알고 지낸 지인 S는 지금까지 자신이 쌓아온 삶의 패턴과 거리를 두고 있다고 근황을 전했다. 화면이 내 행복과 무관하다는 깨달음 때문이었다. 그의 '멈춤'은 인스타그램에 사진을 올려 남들에게 자랑하는 것이나 투자 수익을 벌면 더 많은 수익을 올리라고 부추기는 문구 같은 것들이 플랫폼에 돈을 벌어줄지언정 자신의 진정한 행복감과는 상관이 없다는 '선언'과도 같았다. 극단적으로는, 자신이 불행해져야 그들이 부유해진다고까지 느끼면서 S는 화면과의 연결을 점차 차단하기 시작했다. 요즘 Z세대 사이에서 유행하는 '테크 디톡스 클럽'[28]을 반짝 유행이라고 치부할 수 없는 이유다. 화면에 밀착해 있던 세대는 이처럼 적극적으로 화면의 지속가능성에 경보음을 울리고 있다.

저울의 반대편에 서는 사람들

특히 이러한 화면의 부작용에 수반된 가장 큰 사회적 문제는 **불균형**이라고 할 수 있다. 화면에서 긍정적인 경험을 얻는 사람과 그러지 못하는 사람 사이에 **불평등**이 심화된다는 것이다. 앞서 5장에서 '가난하면 화면친화적'이라는 말에 관하여 상술한 바 있지만, 화면친화적인 삶에서조차 가난한 경험을 하는 젊은 세대의 유저와 그러지 못하는 유저가 나뉜다는 의미다. 화면을 통해 이점을 얻는 N세대와 그렇지 못한, 도리어 피해마저 입는 N세대가 같은 세대 내에서도 극적으로 분리되고 있다. 단적으로, 문맹률과 교육 수준에 따라 동일한 세대에서도 '디지털 네이티브'와 '디지털 이방인'이 나뉜다는 어느 미디어 학자의 비평을 참고할 만하다.[29] 가짜뉴스를 판단하며 디지털 라이프스타일을 조절할 줄 아는 문해력, 새로운 기술을 접할 수 있는 환경, 이를 적극적으로 배우며 활용하는 사회적 지지 기반의 차이가 불평등을 야기할 수 있다는 지적이다.

다시 말해, 화면의 폐해가 극심한 상황에서도 모두가 화면의 부작용에 노출되진 않는다. 예를 들어 기술의 급격한 발전으로 인해 "인간으로서 잠재적인 일자리 손실"을 마주할 시, 생존의 위협에 노출되는 사람이 있는가 하면 변화를 대응할 준비 혹은 여력이 있는 경우도 있다. 애초에 이러한 위기로부터 이득을 얻는 쪽도 공존하기 때문에 기술의 발전으로 인한 위기는 쉽게 잦아들기 어렵다. 화면이 더 자극적인, 강렬하고 빈번한 자극을 주입할 때 누군가는 더 큰 부를 축적해 왔던 경험이 가속도를 더하는 것인지도 모른다. 디지털 라이프가 주는 이득의 총합이 커져도 모두가 고루 체감할 순 없는 이유다.

스탠포드 교육대학원 존 윌린스키 교수는 디지털 라이프가 앞으로 수십 년간 "대체로 개개인에게 더 이롭지만, 그 이로움이 불평등하게 분배될 것"이라고 꼬집었다.[30] 예컨대 디지털 기술의 고도화와 맞물려 변화하는 학습 환경이 모든 아이들에게 제공되지 않으면서 발생하는 불균형을 짚을 수 있다. 한국에서도 팬데믹 기간에 원격수업이 본격적으로 도입되면서 불평등 문제가 드러난 적이 있었다. 가정 경제 수준이 하위권에 속하는 학생은 낡은 기기로, 수업에 집중하기 어려운 장소에서, 화면으로 질문을 제때 하지 못한 채 교육을 받는 것으로 나타났다.[31]

말인즉슨 화면이 주는 이점이 한편에 쏠리는 동안 **그 이점을 누**

리지 못하는 아이들에게는 불이익이 남는다는 것이었다. 연구팀 또한 (화면을 활용해서 배움을 얻고자 해도) 가정의 경제적 사정이 열악할수록 수업 중 이해가 되지 않았을 때 이를 해결하지 못하고 지나갈 가능성이 더 크다는 사실을 짚었다. 게다가 이는 구조적인 문제로 고착되어 악순환으로 흐를 여지가 있다. 이러한 문제를 모른 척한다면 장기적으로 화면의 이점을 누리는 사람과 부정적인 영향에 주로 노출된 사람들 사이에는 더 큰 격차가 벌어질 수밖에 없다.

그러므로 **화면친화성이 주는 이로움이 적절히 분배되는 과정**에 더 많은 사람들이 관심을 가지고 개입해야 한다. 그 개입은 다음 두 가지의 경로로 표현될 수 있다. 첫째, 우리는 화면의 전반적인 이점을 증대하는 방안을 고민해야 한다는 것, 둘째, 화면의 순기능이 '모든 사람들에게' 공히 기회로 작동하는지 살펴야 한다는 게 그것이다. 이는 지속가능성을 고민하는 젊은 세대에게 이미 하나의 의제로 자리 잡았다. '지속가능한 미래를 위한 정부와 기술의 역할'에 대한 Z세대의 의견을 조사한 '델 테크놀로지' 연구 보고서에서는 응답자 중 43퍼센트가 '인터넷 연결성과 기기 접근성'을 중요한 공공 투자 부문 TOP 3 안에 꼽았다.[32] 새로운 기술을 접하고 이를 적극적으로 익힐 수 있는 기회, 나아가 화면의 영향력을 인지하고 활용하고 비평할 수 있는 환경이 널리 갖춰져야 한다는 목소리다.

점차 저울의 반대편에 균형추가 추가되기 시작했다. 영국의 금융행위감독청(FCA)는 2022년 11월 자국 내 주식 트레이딩 앱 운영자들에게 경고했다. "게임과 같은 요소가 포함된 기능이 소비자 이익에 반할 수 있으니 디자인을 재검토하라"라는 내용이다.[33] 거래 체결

시 축하메시지를 띄운다거나 앱 내에서 특정 행동을 하면 보상을 지급한다거나 하는 기획이 유사 도박처럼 유저를 유인한다는 문제 제기였다. 권고안에는 게임처럼 디자인된 투자 거래 앱이 소비자 피해와 연관될 수 있다는 연구가 인용됐다.[34] 규제 기관이 실제 피해에 따른 사후 조치가 아닌 사전 대응에 나섰다는 점에서 주목할 만한 행보라 할 수 있다. 당연해 보이는 상황에도 반드시 밸런스가 필요하다는 신호다. **그만큼 화면은 인위적으로 발명된 것이며, 사회 각계의 치열하고 정교한 조율을 거쳐 발전하는 것이다. 화면의 세계는 그렇게 발전해야만 한다.**

결국 화면의 빛을 더 널리 나누고, 어둠을 조기에 물리치는 노력이 중요하다고 요약할 수 있겠다. 개인의 노력에만 안주할 순 없다. 이 사회가 미래 세대가 맞이할 화면을 좀 더 진지하게 고민하는 성의를 보여야 하지 않을까. 우리가 다음 세대에 남기고 싶은 화면은 지금 이대로인가, 아니면 조금은 더 나은 모습인가. 화면을 창조한 건 기성세대다. 그렇다면 더더욱 온라인 디폴트의 미래를 후순위로 미뤄선 안 된다. 화면에 저항하려는 세대와 함께 해법을 고민해야 한다. 그럴 책무가 우리에게 있다.

인간 문명의 종말?

화면친화성의 시나리오에는 낙관과 비관이 모두 서려 있다. 그런 까닭에 아이들 중 일부가 화면에 저항하는 모습을 보인다. 하지만 그것만으로는 힘에 부친다. 화면의 이로움을 더 적극적으로 권장하고, 그 부작용을 다스리기 위해 더 많은 사람들이 대화하기를 포기하지 말아야 한다. 어떻게 하면 좋을까? 역설적으로 **'화면이 어떻게 더 나은 삶을 줄 수 있는지'** 입체적으로 발견하는 데서 첫걸음을 뗄 수 있다. 그저 화면은 해악이라고, 근절하고 끊어내야 한다고 밀어내기보다는 **화면의 양날을 살펴보려는 디테일**이 필요하다.

2016년쯤 사진 한 장이 화제가 됐다. 바이럴됐던 이 사진은 아이들을 비추고 있다. 이들은 렘브란트의 대작 〈야경꾼〉을 등진 채 스마트폰을 내려다보고 있었다. 눈앞에 있는 명작들은 그들 눈에 보이지 않았던 걸까. 어디에 정신이 팔렸냐며 우려하는 목소리가 나올 만했다. 당시 암스테르담 국립미술관에서 찍힌 이 광경은 "인간문명의 종말(the end of civilisation)"[35]이라는 위기감마저 낳으면서 많은 사람들의 논쟁을 불러일으켰다.

허나 잘 알려지지 않은 비하인드 스토리가 숨어 있다. 사실 이 아이들은 누구보다 적극적으로 예술을 감상하고 있었다. 《텔레그래프(The Telegraph)》 보도에 따르면 사진 속 아이들은 견학생이었고, 해당 미술관의 앱을 사용하고 있었다.[36] 아이들은 현장에서 작품을 둘러보고 해설까지 들으며 앱을 활용해 숙제를 했다. 선생님의 지도하에 화면 안팎을 오갔다. 앞에서 말한 사진은 그들이 미술관에서 쌓은 경험의 일면 중 하나일 뿐이었다.

일련의 오해는 화면에 대한 우리의 편견을 드러냈다. 화면은 무조건 나쁜 것일까. 그렇지 않다. (지극히 화면친화적인 삶을 살아가는 내가) 가슴에 손을 얹고 고백하건대, 온라인 디폴트가 곧 화면을 뚫어져라

쳐다보고만 있는 걸 의미하진 않는다. 그랬다면 애초에 우리 삶의 '디폴트'가 될 수 없었을 것이다. **화면 속 세상은 결국 그 세상을 살아가는 '사람'의 비중에 따라 힘을 얻는다.**

이처럼 화면이 삶의 밑바탕과 같다면 그 미래가 어둡지만은 않을 것이다. 우린 다시 화면의 미래에 관해 희망적으로 접근해 볼 수 있다. '레이저피시'의 조사에 따르면 Z세대 응답자들 절반가량이 게임을 하며 정신건강에 도움을 받았다고 밝혔다.[37] VR은 외상 후 스트레스 장애(PTSD)와 같은 심리적 트라우마를 겪는 환자를 치료하거나 치매를 앓는 노인의 인지기능 개선 및 우울감을 완화하는 데 활용되기도 한다.[38] 즉 기술을 쓰는 여러 이유 중에서도 누군가에게, 무엇 때문에 쓰임받느냐에 따라 기술과 인간의 관계는 전혀 다른 엔딩에 다다를 수 있다.

이런 맥락에서, 화면을 만드는 사람들이 **안전장치**를 고안하는 데 더 많이 투자하도록 유도해야 한다. 여러 방안을 떠올릴 수 있다. 미성년자 보호 조치를 위해 콘텐츠 검수자를 증원한다거나, 부적절한 문제 상황에 대한 신속한 민원 접수 및 대응 장치를 마련하는 등의 보완이 필요하다. 온라인 디폴트의 순기능과 긍정적인 경험을 극대화하기 위해 어두운 현실을 극복하려는 구체적인 노력이 수반돼야 한다. 특히 상업적인 측면과 기업의 영리적 디테일을 섬세하게 다루어 보완하는 정책적인 접근이 중요하다. 이해관계에 변화를 주지 않고서는 수익 창출이 변함없는 기업의 최우선 과제로 남을 수밖에 없다. 미국 심리학협회의 미치 프리스턴 최고과학책임자 또한 "사회를 개선하는 데 (화면이) 근사한 툴로 쓰이도록 기업들에 유인책을 제공

해야 한다"라고 짚은 바 있다.[39]

결국 '돈의 문제'를 외면할 수 없다. 그 돈이 지속가능성을 위해 쓰이도록 변화를 촉구해야 한다는 의미다. 대화를 멈추지 않는 게, 끊임없이 문제와 변화를 이야기하는 게 그 시작점이다. 더군다나 꾸준한 문제제기는 적절한 규제에 가속을 붙일 수 있다. 예를 들어 우리나라의 한 형사법 논문에서는 "사이버 인격권"이 적극적으로 언급되고 해설되어 있다.[40] 이 권리는 사이버공간에서의 인간의 존엄과 행복추구, 인격유지 및 형성, 표현의 자유 등 기본적인 인격권을 포괄적으로 정의하는 움직임으로 소개됐다. 화면 속 세상이 "사회적 공간으로서 '기능성'과 '독자성'을 갖추는" 추세이기에 이와 같은 개념도 등장한 셈이다. 가상의 아바타, 아바타 간의 상호작용, 화면 속 자산 및 저작물 등을 디지털 정보 이상으로 대하는 논의 또한 이미 활발하게 진행 중이다.[41]

눈을 질끈 감지 말자고, 최악은 면하자고 다짐해 본다. 더 늦기 전에 오래오래 머물고픈 화면을 만들어가면 어떨까. 나는 나 자신이, 우리 사회가 화면에 대한 낙관을 놓지 않길 바란다. 화면이 주는 실행력과 능동성은 분명 젊은 세대에게 이전에는 꿈꿀 수 없었던 자유를 허락했다. 자신의 시간을 생산적으로 보내고, 각자가 추구하는 바에 따라 행동하고, 마음 맞는 사람을 마주할 수 있는 지금을 선물했다. 이를 긍정한다면 화면이 가져올 어두운 미래 또한 진중하게 바라보고 고민하는 게 마땅하다. 미래를 아무나 결정짓도록 내버려두지 말자고 말하고 싶다. 우리는 분명 다른 플레이를 할 수 있다. 희망을 버리지만 않는다면.

다시, 균형을 잡아야 할 때

끝으로, 화면친화적으로 살아가는 개개인을 위해 중독과 몰입의 차이를 바로잡고 싶다. 사실상 중독이 몰입을 닮았다는 점은 꽤나 유의미하다. 둘 다 인간이 배고픈 줄도 모르고, 잠이 부족한 줄도 모르고 골몰하는 상태인 건 분명하다. 어느 정도 중독되지 않으면 몰입할 수 없고, 과몰입의 즐거움 없이 중독될 순 없다.[42] 화면에 관해서도 크게 다르지 않다. 다만 중독과 몰입에 차이가 있다면 자신의 상태에 대한 인식을 하고 있는지, 통제가 가능한지의 여부라고 할 수 있다.[43] 여기서 몰입과 중독은 두 갈래로 갈라진다.

게임에 대한 한 연구는 '게임 몰입도'와 '중독의 강도'를 구분 짓는다.[44] 즉, 게임에 중독돼 있는 상태가 곧 몰입해 있는 상태는 아니라는 뜻이다. 이때 '저몰입-고중독' 집단은 여타 군집보다 자기효능감, 자기효능 조절, 자신감, 삶의 만족도 등이 낮은 것으로 나타났다. 반면 '대인관계에 문제가 있는지 여부'를 표지하는 변인에선 유의미하게 높은 양상을 띠었다. 몰입 이론의 창시자였던 칙센트미하이도 같은 맥락에서 짚은바, 행복감을 쫓아 특정 활동에만 지나치게 몰입할 경우 창의성이 아닌 맹목성에 빠지게 되는 것이다. 결국 물아일체의 상태에서도 **주체성**을 잃지 않아야 중독에 걸려 넘어지지 않는 셈이다.[45]

자기효능감이란 정확히 무엇을 가리킬까. 자기효능감은 '신념'이라 표현할 수 있다. 즉, 이 능력은 어떤 결과를 이루기 위해 필요한 행동을 성공적으로 조직, 수행하는 자신의 능력에 대한 신뢰를 가리키는 것이다. 이러한 자기효능감은 1)자신감, 2)자기조절 효능감, 3)

과제 난이도 선호 등 세 가지 요소로 구성된다. 쉽게 말해 자신과 자신의 능력을 믿고, 자신을 통제해가며 난이도 있는 과제에 곧잘 도전할 수 있다고 믿는 이는 자기효능감이 높다고 할 수 있다. 역으로 누군가가 통제할 수 있는 자유를 잃어버리면, 스스로를 통제할 수 없다고 여기거나 실제로 그런 상태에 놓였을 때는 몰입이 아닌 의존, 중독에 기울 수 있다.

그러니 몰입은 못 하고 중독만 돼 있는, 소위 **'매몰 상태'**가 존재한다는 사실도 충분히 납득할 수 있다. 우리는 중독과 몰입을 구분할 때 화면에 대한 매몰 여부를 객관화할 수 있다. 중독 증상이 강박적 사용과 집착, 내성, 금단 현상, 일상생활의 기능장애, 일탈행동 및 현실구분 장애 등 병리적인 증상까지 동반한다는 건 잘 알려진 사실이다. 혹시 나의 화면친화적인 삶에서 그런 면모가 보이지 않았는지를 차분하게 되짚어 보면 어떨까. 재미로, 습관처럼 쓰던 시간이 어느덧 나의 통제를 벗어나고 있지는 않은가. 진실로 내가 몰입의 주체로 자리 잡고 있는가. 화면을 품고 살아가는 우리에게 몰입과 중독을 나눠 보는 작업은 자신의 화면친화성과 화면의존성을 반추하는 데 도움을 줄 것이다.

도파민 보상체계와 중독에 대해 연구하는 애나 램키(Anna Lembke) 교수는 말했다. "당신 잘못은 아니지만, 당신의 책임이다(It's not your fault but it's your responsibility)."[46] 이에 부응하듯 실제로 지속가능성을 고민하는 크고 작은 실천이 이어지고 있다. 예를 들어 2020년부터 시작된 **'로그오프(LOG OFF)' 운동**은 한 고등학생으로부터 비롯됐다.[47] 운동을 주도하는 엠마 렘케는 당시 소셜미디어가 자신의 삶에 미친

부정적인 영향을 기록하기 위해 블로그를 만들었다가 동일한 의문을 제기하는 다른 10대 학생들과 연결됐다고 한다. 그래서 아예 청소년이 주도하는 비영리 단체가 탄생한 것이다. 평생 온라인으로 살아온 젊은 세대가 앞장서서 삶의 문제를, 화면을 넘나들며 풀어가는 모습을 보여준 사례라 할 수 있다.

자기효능감이라는 중요한 변수, 몰입과 중독 사이의 간극은 오늘날 화면에 살고 화면을 만드는 이들 모두에게 도전하고 있다. '우리는 화면 속에서 어떻게 살아갈 것인가?' 뒤에서도 살펴보겠지만, 지속가능성에 대한 젊은 세대의 고민은 생각보다 훨씬 더 깊다. 이들은 자기 삶의 균형을 찾고자 하며, 자기효능감을 회복하는 과업에 진심으로 임하는 중이다. **오프라인과 온라인이 모두 합쳐진 '나'를 구심점으로 안정적인 원운동을 하려는 움직임이다.** 결국 온라인 디폴트는 화면에 대한 이야기이면서 그 디폴트의 값으로 살아가는 사람들에 대한 화두다. 기술적인 화두이며, 동시에 누구도 피할 수 없는 인간적인 화두이다. 화면친화적인 삶은 지속 가능한가. 화면과 함께 나고 자란 아이들은 이 사회가 피할 수 없는 질문을 건네고 있다.

7장
나다움을 찾는 N세대를 위하여

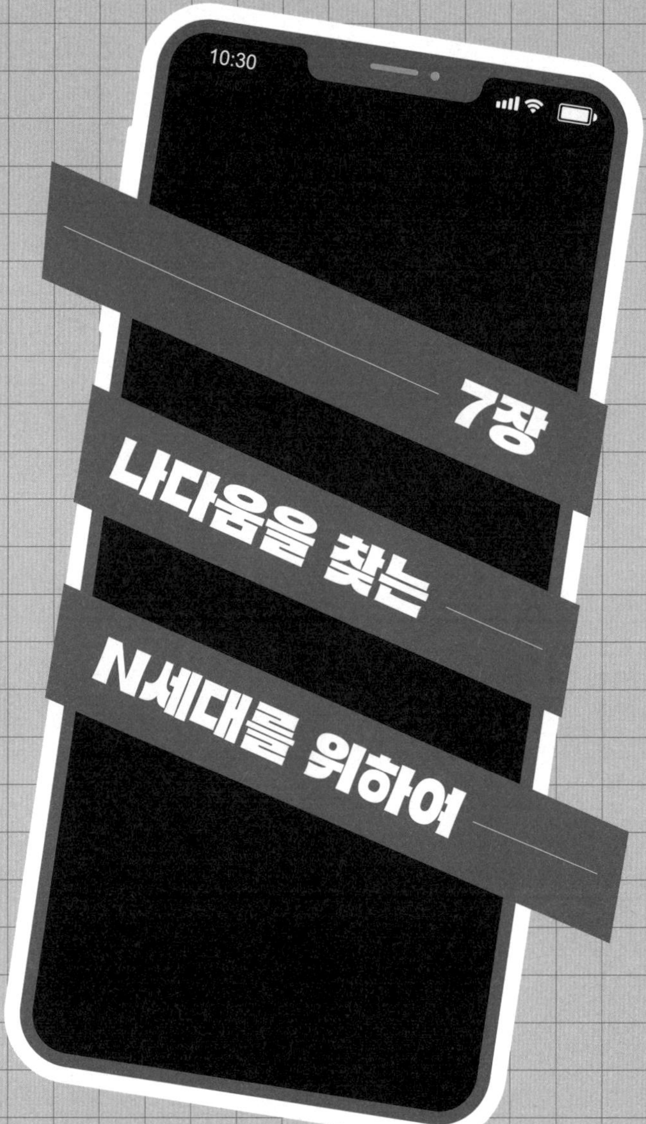

노력의 배신

막 20대 중반이 된 대학생 인턴 H가 내게 물었다. **"지금 뭘 해야 할까요?"** 앞으로는 누구나 3잡, 4잡을 갖는 시대가 된다고 교수님이 강조하셨다는 후문이었다. 정작 그런 미래를 위해 학생 본인은 지금 무엇을 어떻게 해야 할지 모르겠다는 의문이 남아 있다. 교수님에게도, 조금이나마 H보다 더 살아본 내게도 뾰족한 수는 없었다. "나도 잘 모르겠다"라고 답할 수밖에. 가까운 미래에 대한 다소 힘 없는 예측이 오갔다. 그 대화가 아직 맘에 걸린다. 그때 그를 위해 무어라도 단언해야 했을까. 용기를 북돋아 줘야 했을까.

두려움은 광범위하게 퍼져 있다. 중학생 J도 불안했다. 코드를 자동으로 생성하는 인공지능 소식을 접한 후였다. 개발자가 되고 싶었던 J는 그 뉴스를 머릿속에서 떨칠 수 없었다. '나중에 내 꿈을 이루지 못하는 게 아닐까' 염려스러웠다. 인공지능이 개발자의 역할을 대리한다면 본인이 취업 전선에 뛰어들 때쯤 지금과 전혀 다른 풍경이 펼쳐지지 않을까. 그렇다면 지금처럼 공부하는 게 맞나. 여기에 시간을 쏟아도 되나. 그는 우울한 심경으로 한 인터넷 커뮤니티에 넋두리를 남겼다.

"그런 마인드로는 개발자를 안 하는 게 낫다." 익명성에 기댄 날선 반응이 중학생 J를 기다리고 있었다. 인공지능에 대체되는 걸 걱정할 정도의 실력이라면 차라리 대체되는 게 낫다는 악담이었다. 댓글창을 읽어 내리며 참 각박하다고 느끼던 찰나, 냉정하지만 현실적인 충고도 눈에 들어왔다. 프로그래머 업무가 전부 자동화될 정도로 실무 현장이 호락호락하진 않다만, 비숙련자가 역량을 갖추길 기다리는 것보다 오히려 인공지능을 활용하는 게 나을 수도 있겠다는 조언이었다.

역으로 생각해 본다. 나는 저 나이에 H나 J와 같은 고민을 해본 적이 있었나? 10대 시절 취업 고민은 대개 나와 맞는 진로 찾기, 혹은 대학 입시에 편중된 압박감으로 대변됐다. 선택하고픈 직업이나 갈 수 있는 과를 찾아 대학에 입학했다. 혹은 자격증을 준비해 빨리 직업세계에 뛰어들었다. 가능한 한 주어진 기준선을 훌쩍 뛰어넘어 남들보다 좋은 성적을 받고 '1등'이 되는 게 관건이었다. 노력한 자만이 과실을 먹을 수 있다며 인간들끼리 박 터지게 경쟁했다. 적어도 '기계에 의한 일자리 전환'은 심각한 골칫거리가 아니었다.

지금 젊은 세대는 출발점에서부터 전혀 다른 처지에 놓여 있다. 진로 고민, 입시 고민 자체도 난감해진 가운데 난이도가 훨씬 더해졌다. 기술 발전으로 인한 불확실성 때문이다. 지금 바라보는 꿈, 그 꿈으로 가 닿기 위한 나름의 계획이 불과 몇 년 사이에 조정되어야 할지도 모른다. 기계보다 내가 해당 직무에 더 적합하고, 효율적이라고 설득해야 할 판이다. 경력이나 인맥이 있다면 사정이 낫다고 할 수 있을까. 이미 오만가지 스펙을 요구받는 취업준비생들에게 참 가혹한 주문이다.

대학생 인턴 H의 질문도, 중학생 J의 고민도 납득이 갔다. 미래가 더욱 더 불투명해진 세상, 앞으로 무엇이 어떻게 변해갈지를 모르겠는데 당장 무엇을 해야 할까. 아무리 지금 주어진 일에 최선을 다해도 나중에 헛수고가 되진 않을지 도통 알 수 없다. 손 놓고 있을 수도 없겠지만 어디서부터 손대야 할지 아이들 입장에선 난망하다. **노력의 배신**이 두렵다. 하라는 대로 주어진 과업에 충실해도, 심지어 내가 스스로 정한 장래희망과 현재 쏟고 있는 정성 또한 배신당할 수 있다는 위기감이 모락모락 피어난다.

아이들의 화면은 시작의 끝, 그 너머로 향하고 있다. 온라인은 우리가 태어나 죽는 생애 전반에 포진했다. 화면은 세상을 바라보는 관점, 살아가는 방식을 바꿨다. 인공지능까지 장착한 N세대는 화면친화성, 그 이상의 의존성을 걱정한다. 이는 단지 IT나 미디어 환경에 대한 문제에 머물지 않는다. 그들에겐 온라인이 곧 자신의 삶일진대 그로부터 발원한 문제를 어찌 협소하다고 말할 수 있겠는가. 이제는 저마다 **근본적인 도전** 앞에 서 있다. 그대들은 어떻게 살 것인가, 그 질문과 무관하지 않은 고민이 이 세대를 가로지른다.

정해진 답이 지배하는 사회

노력의 배신이 크게 느껴지는 이유는, 그 배신이 **'노력에 대한 믿음'**을 전제로 깔고 있기 때문이다. 노력에 대한 믿음이란 곧 열심히 하면 무엇이든 이룰 수 있다는 신화와 다르지 않다. 실제로 숙련은 거짓말을 하지 않는다. 그렇게 노력해서 얻은 결과의 대가로 생활을 영위해 온 우리다. 이 사회는 '쉬이 얻은 것은 쉽게 잃는 법'이라는 반석 위에 세워졌다. 자신이 들인 노력에 비해 돌아오는 보상이 낮을 경우 그만큼 사람들은 책임감, 정서적 몰입을 잃기 쉬우며, 신체에 부정적인 영향마저 입는다.[1] 그게 인간이다. **누구나 자신의 노력에 대한 약속이 작동할 때에만 신뢰와 안정감의 기반을 얻을 수 있다.**

하지만 변화의 과도기에 선 지금, 어떤 노력은 배신당한다. (이 책 1장에서 "소프트웨어가 세상을 집어 삼킬 것"이라고 주장했던) 벤처투자가인 마크 앤드리슨은 2023년 "AI가 거의 모든 걸 더 낫게 만들 수 있다"는 장문의 글을 남겼다.[2] 교육 현장의 서포터, 트레이너, 상담사, 연구 보조, 예술적 도구, 전시 사망률을 줄이는 전략 고문 등 다양한 역할을 한다는 것이다. 그걸 활용해 인간은 다른 성격의 노력을 하게 된다는 예견이다. 젊은 세대에겐 이처럼 AI가 단숨에 그 역할을 해낼 수 있다는 사실 자체가 불안을 싹틔운다. 지금 쌓고 있는 노력에 대한 자신감을 잃게 만드는 것이다.

화면은 어떻게 인간의 노력을 넘어서는가. 생성형 AI의 경우 거대한 데이터를 먹이로 삼는다. 연관성이라는 패턴을 학습한다. 확률적으로 가능성이 높은 최적의 근사치를 예상해 낸다. 아예 정해진 답이 있을 시 누구보다 칼같이 답안을 제출하는 모습을 보인다. 그러니 주관식 문항에도 능숙하다. 가장 그럴 듯한 대답을 제시하니까. AI는 구체적으로 물을수록 구체화된 대답을 내놓는다. 여기까지 적고 보니 기시감이 든다. 문제가 주어지면 해답에 가까운 답을 내놓는 우리가 익히 아는 **시험**이라는 제도를 닮았다.

우리에게 익숙한 시험의 형태는 보통 정답이 정해져 있다. 객관식 문제에만 해당되는 이야기는 아니다. 서술형도 채점 기준에 따라 특정 키워드가 들어갔는지, 특정 내용이 포함돼 있는지 여부로 점수가 매겨진다. 그러다 보니 종종 정답을 가리기 모호한 경우도 생긴다. 일례로, 일본의 한 초등학교에서 3.9 더하기 5.1의 결과가 9.0이라고 제출한 답안이 감점 처리가 되어 논란이 일었던 바 있다.[3] 9라고 적는 게 맞다는 것이다. 엄밀히 따지면 9.0이 더 정확한 표기지만, 초등학교 교과과정에서 9.0에 대한 개념을 가르치지 않았기에 9.0은 틀렸다는 논리였다.

그러다 보니 설령 서술형이라도 모범 답안이 얼추 정해져 있는 경우가 적잖다. 이거, 이거, 이거를 머릿속에 넣으라는 식이다. 학창시절, 아예 시험에 나오는 주관식 답안을 미리 주고 달달 외우라는 선생님도 있었다. 토씨 하나 안 틀리고 질문과 정답을 일치시키면 100점을 받을 수 있었다. 토론 수업, 논술 시험조차 최적의 답안이 존재했다. 누가 거기에 가장 근접하냐가 고득점의 척도였다. 자기 관점? 생각? 당장은 그게 대수가 아니다. 치열한 교육 현장에서는 한가하게 그런 걸 따질 겨를이 없었다.

'유능한 답변 기계'를 이길 수 있나

키스 G. 코즈민스키(Keith G. Kozminski) 버지니아대 교수는 미국세포생물학회에 기고한 칼럼을 통해 교육 현장에서 다양한 문답이 오가지 못하는 이유를 크게 세 가지로 정리했다.[4] 첫째, 교실에서는 교사가 학생에게 정보를 전달하는 유일하고 전능한 매개체로 여겨진다. 교사가 "그 질문에 대한 답을 모르지만 함께 찾아보자"고 권하기 어렵다. 둘째, 임의의 질문은 예측불가능성이 크다. 그걸 수용하기엔 시간이 없으며, 더욱이 교사는 국가가 지정한 커리큘럼에서 벗어날 수 없다. 셋째, 애당초 문답 기술 자체가 배우기 쉽지 않다. 질문과 답변을 통한 가르침은 고대 그리스인, 불교도가 오래도록 연마해야 했던 학습법에 가깝다.

그러니 교실에선 질문과 채점 기준, 채점자가 정해져 있는 게임이 비율상 더 많을 수밖에 없다. 즉, 인공지능에게 유리한 게임이 교육 현장을 주도한다. 인공지능은 설령 자기가 내뱉는 문장이 무슨 뜻인지 이해하지 못해도 정답에 근접한 답변을 지치지 않고 출력하며, 인간이 쌓아둔 데이터를 삼켜 가장 '말이 되는 답안'을 뽑아내기 때문이다. 채점 기준에 해당하는 파라미터(가중치)에 따라 성능이 갈릴 순 있으나, 10분 이상 집중하기 어려워하며 언어를 배우는 데 수년이 걸리는 인간에 비해선 노력의 양이 절대적으로 적게 든다. 이렇듯 **교육과 시험, 평가의 프로세스와 본질적으로 유사한 인공지능 모델**은 비용마저 덜 드는 방향으로, 글과 그림과 음성과 영상을 넘나드는 형태로 빠르게 진화하고 있다.

예컨대 챗GPT에서 성능이 업그레이드 된 GPT-4의 경우 2018년부터 2022년까지 5년 치 일본 의사국가시험을 모두 합격했다. GPT-4는 미국 사법시험, 의사국가시험, 대학 입학 자격시험인 SAT 읽기/쓰기/수학 시험에서 모두 상위권 점수를 받을 수 있는 것으로 알려져 있다.[5] 나고야대 히가시나카 류이치로 교수는 이 같은 인공지능의 선전을 두고 "의사 국가시험은 선택지 간 차이를 파악하기 쉬워 AI가 비교적 쉽게 풀 수 있었다"라고 해석했다.[6]

결국 문제의 근원은 시간 간극에 있다. **지금 아이들이 공부하고 평가받고 자기 능력을 증명하는 일련의 과정은 미래 그들에게 꼭 필요한 역량 혹은 가치 평가의 기준과 일정 부분 어긋나 있다.** 인간보다 기계가 더 잘하는 일을 가르치는 교육에 관해선 예전부터 문제가 제기되기도 했지만, 기술은 그 갭을 더 크고 빠르게 벌리고 있다. 그러다 보니 다들 지금 뭘 해야 할지 헤맨다. 꽉 짜여 있어 민첩함을 기대하기 어려운 시스템 속에서 쏜살같이 지나가는 창밖 풍경을 보고만 있는 꼴이다. 그렇다고 당장 이 시스템으로부터 탈출하는 것도 능사는 아닐 터이다. 지금의 N세대는 변화하는 가치체계에서 '어떤 최선'을 다해야 할까 고심한다.

인간이 뼈를 깎는 훈련을 거듭할 때, 화면은 그 훈련의 정도를 저만치 앞지른다. 인공지능은 **모범 답안을 더 빠르게 추출해내는 경쟁**에 특히 유리하다. 이는 AI 모델이 의식을 갖고 있다거나 언어를 이해한다는 철학적인 논쟁과 무관하게 바로 지금 우리가 직면한 현실이다. 현실적으로 기계는 사회초년생이나 저숙련자의 입지를 흔들어 놓을 가능성이 크고, 또 세계의 양상은 빠르게 그러한 방향으로 흘러가고 있다. 그렇다면 아이들은 무엇을 공부하고 어디에 마음을 써야 할까. 온갖 공부를 거쳐 10년 이상 답안 풀이 실력을 갈고 닦았음에도 나 또한 이런 흐름에서 미래의 단서를 찾긴 요원했다.

"모든 걸 다 느껴버린 것 같아요"

여전히 모범 답안을 권하는 문화는 우리 사회를 지배하고 있다. 허나 AI의 등장으로 인해서 답안 경쟁에서 이기기란 갈수록 어려워질 전망이다. 그 불확실성에 더해 지금의 화면 이용자들은 **'무기력'**이라는 이슈에 직면해 있다. 화면을 만드는 사람들과 알고리즘은 자극의 꽁무니를 좇는 사람들에게 구태여 세상의 총천연색 빛깔을 다 보여주지 않는다. 도리어 '나의 세계'에 갇히도록 맞춤 추천을 골몰한다.

이는 '다른 길'에 대한 상상력을 약화하기도 한다. 거기서 비롯된 젊은 세대의 무력감은 미래에 대한 낙관보다 비관으로 치우치는 요인으로 작동하기 쉽다. 이제 막 대학에 입학한 지인 K가 그랬다. 그는 **"모든 걸 다 느껴버린 것 같다"**라고, 그래서 내일이 하나도 궁금하지 않다고 내게 증언했다.

K는 지쳐 있었다. 좌충우돌 끝에 괜찮은 대학에 입학했지만 주변의 조언에 따라 한 번 더 입시를 준비했다. '입결'(입시 결과) 높은 대학에 발을 들였다. 허나 살아가는 데 흥미를 느끼지 못하는 사람이 돼버렸다. '대학에 꾸역꾸역 다녀야 할까?' '어차피 또 대기업이나 고시 준비하겠지.' 휴학계를 낸 채 방황하던 그의 얼굴은 덤덤했다. 모든

걸 다 느껴버린, 혹은 알아버린 것 같은 압도감이 일종의 무기력함과 무관심으로 얼룩져 있었다. K는 무언가를 해보기도 전에 녹다운이 돼 있었다.

"왜 모든 걸 다 느껴버린 것 같아요?" 이 질문에 K는 잠시 고민했다. 이윽고 답했다. 자신은 아직 어리지만 세상사를 간접적으로 다 알아버린 것 같다는 것이었다. 화면 속에 비치는 일반인들의 인생이 다 비슷해 보이는데, 자신에게 요구되는 것도 별반 다르지 않은데, 세상에 더 새로울 게 뭐가 있나 심드렁해했다. 그의 말을 듣다 보니, 문득 영화 〈그녀(Her)〉에 나오는 대사가 떠올랐다. 주인공은 이렇게 되뇐다. "내가 느낄 수 있는 감정을 모두 느낀 것 같아." 인간의 감정마저도 프로그래밍할 수 있다는 영화적 설정 안에서 편지를 근사하게 대신 써주는 직업을 가진 주인공은 운명론의 화신처럼 공허해했다. K 또한 〈그녀〉의 주인공처럼 정보의 홍수 속에 허우적대면서 정작 자기 마음 누일 곳은 찾지 못하는, 거기로 나아갈 의욕과 용기조차 놓쳐버린 상태였다.

화면 속에 보이는 세상은 역동적이다. 동시에 아주 역설적인 차원에서 밋밋하고 진부하다. 《디 애틀랜틱(The Atlantic)》의 칼럼니스트 아만다 멀(Amanda Mull)은 〈패션이 인간미를 잃었다〉라는 제목으로 운을 뗐다.[7] 상품회전율이 빠른 패스트패션이 화면으로 말미암아 더 천편일률적으로 변했다는 내용이었다. 예컨대 '셰인(Shein)'은 2022년 자라, 나이키를 제치고 약 113개국에서 가장 많이 구글링된 패션 브랜드다.[8] 특히 1020 젊은 여성들에게 인기가 많다. 이 기업은 디자인 도용, 비인간적인 노동 환경, 쓰레기 양산 등으로 구설수에 올라 있지만 어느 경쟁사보다도 빠르게 패션 트렌드를 잡아낸다. 셰인은 매일 7000개 이상의 신상품을 쏟아내는 중이며, 온라인 반응을 살핀 후 팔릴 만한 옷에 전략적으로 집중해 시장을 장악했다.

셰인에서 팔릴 만한 옷을 대량으로 풀기 시작하면 다른 업체들도 이 파도에 올라탄다. 데이터를 기반으로 '팔리는 패션'이 득세하는 연쇄작용이다. 허나 데이터는 **미래를 가늠하는 과거의 시그널**이라는 점에서 모순적이다. 결국 시장에는 엇비슷한 옷이 쏟아지는 진풍경이 펼쳐진다. 아만다 멀의 칼럼은 웬만한 패션이 '균질'해졌다고 지적한다. 이러한 동일 반복의 자극 속에서 본인만의 개성이 있다고 온라인의 물결에 휘둘리지 않으리라는 보장은 없다. 더군다나 뚜렷한 자기주관이 없다면? 바이럴은 본인의 의사와 무관하게 강력한 입력값이 된다. 비유하자면, 유명 연예인의 도톰한 입술이 마케팅과 추천 알고리즘을 타고 미의 척도로 각인된다. 이로써 그 연예인이 파는 립스틱 브랜드는 더 높은 매출을 올린다. 그가 입술 필러를 맞았다는 진실은 유야무야 넘어간다.

어쩌면 이러한 **세상사의 패턴화된 진열과 천편일률성**이야말로 K가 '모든 걸 다 느껴버린 듯' 지쳐버리게 된 중요한 요인이 아니었을까. 그렇다면 우리는 이런 화면의 공세에 어떻게 대응해야 할까. 10년간 구글의 전략가로 일해 온 제임스 윌리엄스는 이런 상황에서 "원하는 것을 원하는 능력을 개발해야 한다"라고 강조한 바 있다.[9] 자신이 진짜로 원하는 걸 알고, 그걸 얻기 위해 온 힘을 다하다 보면 자동으로 **'무시하는 힘'**도 기를 수 있다는 메시지다. 내가 그다지 원하지 않음에도 내 시간을 빼앗기는 일들, 내 결정을 좌우하는 잡음들에 무방

비하게 휩쓸리지 않는 데도 힘이 드는 모양이다. 내가 진심으로 바라는 바를 알고, 그걸 원하는 자체가 오늘날에는 연습이 필요한 역량이 됐다. 먼지 낀 렌즈를 닦고 사진을 찍어야 삶의 해상도가 올라가는 법이다.

이에 관해선 각자 경험하고 자신의 타성을 극복했던 이야기를 꺼내놓을 수도 있겠다. 나의 경우, 간헐적으로 유튜브나 인스타그램 알고리즘을 조작한다. 틱톡에서 특정 주제나 소재, 음원의 영상이 며칠씩 연달아 추천된다 싶으면 일부러 상관없는 키워드를 검색해 여러 영상을 시청한다. 유튜브 시청 기록이나 검색 기록을 한 차례 싹 갈아엎는다. 페이스북이 유명인 사칭 광고로 도배됐을 때 이를 벗어나는 꿀팁으로 사람들이 '일본 온천호텔 검색하기'를 제안하는 걸 봤다. 그러면 모든 광고가 거기에 맞춰 바뀐다는 것이다. 그렇게 그동안 내 화면에 노출되지 않았던 세상이 튀어나온다. 그게 항상 내 눈에 만족스러워 보이진 않는대도 '재미없는' 화면이 되는 것보다는 훨씬 더 나을 것이다. AI가 보여주는 그럴싸한 패턴으로부터 한 걸음 떨어져 다른 창문을 열어보는 시도다.

매번 마음에 새긴다. 혹시 내 화면 속 세상이 예쁘고 잘난 사람들로 가득한가. 으리으리한 저택에 살며 여행만 다니는 사람들만 보이는가. 혹은 부조리하고 극단적이며 스트레스를 주는 사건사고로만 점철돼 있는가. 그렇게 느껴질 때마다 나는 내 화면을 업데이트한다. **그래야 평평했던 화면이 볼륨감을 회복한다.** 굳이 그래야 한다는 건 피곤한 일이지만, 그럼에도 비슷한 자극만을 주입하는 화면을 적극적으로 갱신한다. 그럴 때만 내 시야의 균형을 되찾을 수 있다. 화면이 보여주고 들려주고 알려주는 세상에서 딱 반 보씩이라도 나아가야 한다. 이처럼 화면과 함께 성장하는 세대는 거기에서 자신이 원하는 걸 취하면서도, 화면의 이점이 때로는 역으로 작용한다는 것을 두 눈으로 목격하며 그 안에서 일상을 살아가고 있다.

인간은 확률적 앵무새가 아니다

1997년 밴드 산울림이 발표한 13집 〈무지개〉에는 '기타로 오토바이를 타자'라는 곡이 있다. 가사가 이렇다. "기타로 오토바이 타자. 오토바이로 기타를 타자. 수박으로 달팽이를 타자. 메추리로 전깃불을 타자. 개미로 밥상을 타자. 풍선으로 송곳을 타자. 타지 말고 안아보자. 송충이로 장롱을 안아보자. 거실로 기차를 타고 가자. 기차로 생일 케익 하자. 영화로 버선을 하자. 보이는 대로, 들리는 대로, 상상하는 대로, 싸이버."

뚱딴지같은 소리 같다면 정확히 짚었다. 산울림의 보컬 김창완은 이 곡에 관해 "AI가 좀 당황스러워하는 노래를 만들고 싶었다"라고 전한 바 있다.[10] 김창완은 그럴듯함을, 논리와 연상을 무력화하는 가사를 썼다고 밝혔다. 역으로 그럴듯한 것, 즉 논리와 연관성의 키워드에 관해선 기계가 당황하지 않을 수도 있다는 통찰이 엿보인다. 결국 화면과 경쟁하기 위해 우린 그것과 어깨를 나란히 할 게 아니라 '이미 짜여진 프레임'을 벗어나야 한다는 걸 알 수 있다. **판도를 바꿔야 한다.** 'AI는 어떤 가사에 당황할까?'라고 물을 수 있는 능력, 그런 질문을 던지는 발상을 삶의 여러 영역에 대입해 볼 만하다.

오픈AI의 수장 샘 알트만은 2022년 12월 트위터에 이런 글을 남겼다. "나는 확률적 앵무새이며 당신도 그렇다."[11] **'확률적 앵무새(Stochastic Parrot)'**란 2021년 워싱턴대와 구글 AI윤리 담당자들이 공저한 논문에 나온 표현이다.[12] 앵무새가 뜻을 모른 채 사람의 언어를 때려맞혀 흉내 내듯이 AI도 오로지 확률에 의존해 결과물을 내놓는다는 것이다. 그렇다면 인간이 확률적 앵무새라는 샘 알트만의 말은 무슨 뜻일까. 문자 그대로 차용하자면 인간도 앵무새처럼 '뜻을 모른 채 확률적으로 때려맞히는' 개체라는 의미다. 좀 더 직관적으로 이해하기 위해 '딸깍충' 논쟁을 참고해 볼 수 있다.

AI 이미지 생성기를 두고 거센 반론이 제기됐었다. 일각에서는 '딸깍충'이라는 신조어가 생겼다. 타인이 고민하고 손수 노력한 결과물을 클릭 한 번으로 베꼈다는 저격이다. 명확한 저작권 합의 없이 인터넷에 게재된 이미지 데이터를 썼다는 지적도 포함돼 있다. 이를 두고 재반박이 이어졌다. "인간도 그림 그릴 때 남의 그림 참고하잖아." (저작권 이슈와 별개로) 이 문장은 인간이 외부세계로부터 무언가 학습하는 방식 중 하나를 가리킨다. 바로 '그런가 보다' 하며 상대편을 참고하고 받아들이는 학습법이다.

문법을 배우는 과정은 인간이 확률적 앵무새가 되는 대표적인 경험으로 지목된다. 우리가 문법을 익힐 때를 되돌아보자. 왜 그래야 하는지 모르겠지만 우린 일단 패턴을 익혀야 했다. 오래도록 이어져 온 데이터, 정해진 규칙에 맞춰 충실히 정해진 답을 따랐다. 그런 과정은, 말하자면 인간의 앵무새 모먼트라고 표현할 수도 있겠다. AI

는 바로 이러한 앵무새적인 능력을 극대화한 도구라고 볼 수도 있다. 이런 맥락에서 경영 컨설턴트 제프리 무어(Geoffrey Moore)는 챗GPT가 "콘텐츠가 아닌 형식만으로 작동한다"라고 정의했다. "언어를 결합해 의미를 전하는 능력은 없다"라는 뜻이다. 그렇기 때문에 인공'지능'이라고도 부르면 안 된다고까지 꼬집었다.[13]

위와 같은 맥락에서 '인간=확률적 앵무새'라는 샘 알트만의 트윗은 업계 전문가들로부터 지탄받았다. 인간이 확률적 앵무새라는 발언은 곧 인간 스스로 자신이 무슨 말을 하는지 모른다고 선언한 것과 같기 때문이다. 그렇다 수긍하기에는 인간의 말과 행동, 상호작용과 배움 속엔 저마다의 다양한 맥락과 의미가 가득 채워져 있다. 인간 당사자가 그걸 인지할 때도 허다하다. 심지어 앵무새조차 기분에 따라 충동적으로 언어를 사용하는 것으로 알려져 있다.[14] 자신이 어떤 의미로 말(하는 시늉)을 하는지 어림짐작할 정도의 지능이 있다는 뜻이다. 인간은 마냥 확률적 앵무새로 태어나지 않았다.

학교 밖에서 생존하기 위한 학습

생각해 볼 지점은, 인간이 '언제' 확률적 앵무새가 되는지 여부다. 우리가 '그런가 보다' 무의식적으로 받아들이며 학습하는 순간, 바깥에서 입력된 대로 살아가는 순간이 언제인가. 예컨대 아침에 일어나 세수를 하고 이빨을 닦을 때 우리는 행동 하나하나를 생각하지 않는다. 눈곱이 끼어 있어서 얼굴을 씻을 때도 있지만, 보통 습관적이고

관성적으로 행동한다. 반복되는 일상이다. 매일 손님들에게 "어서 오십시오" 인사하는 점원은 언젠가 한 번쯤 무의식적으로 멘트를 내뱉지 않았을까. 반복하고 또 반복하다 보니 나중에는 절차로 고정되는 식이다.

이러한 타성은 학습의 자연스러운 성과다. 매번 타인의 눈치를 살피며 계산적으로 행동하고 말해야 한다면 우리 삶이 얼마나 피곤하겠는가. 허나 인간의 뇌 용량에도, 에너지 값에도 총량은 정해져 있다. 그러니 처음에는 모든 게 새롭고 어렵게 다가온대도 이후엔 큰 고민 없이 '하던 대로'의 경지에 도달할 수 있다. 그게 인간적이고 효율적이다. 때로는 골 아프지 않게, 기계적으로 착착 입력-출력 하는 게 가성비가 좋다. 인간이 종종 확률적 앵무새가 되는 그 자체를 비난할 수도, 부정할 이유도 없다.

문제는, 우리가 단련해 온 '정답 풀이'가 '확률적 앵무새의 경향'에 지나치게 기울어 있다는 점이다. 일차함수 'y=ax+b' 에서 a는 기울기고, b는 y절편이다. a와 b의 값을 알면 일차 함수가 그려진다. 그렇다고 배운다. 왜 그런지 모르겠어도 아무튼 '그런가 보다' 하며 학생들은 낑낑 문제를 푼다. 선생님에게도, 학생들에게도, 학교 시스템 자체 또한 '이게 왜 그런 걸까' 궁리하며 시간을 지체할 틈이 없다. 일단 머리에 박아 넣고, 외우고, 문제를 풀며 패턴을 체득하는 게 급선무다. 그동안은 학생들의 그런 노력이 확실한 결실을 약조해 줬다.

수학은 본디 분석과 추론의 무대다. 인공지능이 수학 시험에는 상대적으로 약한 모습을 보이는 건 분석과 추론을 감당해야 하는 까닭이다. (물론 이마저도 성능은 계속 좋아지는 중이다.[15]) 이런 걸 보면 고작(?)

문제 몇십 개 풀었다고, 다 이해하지 못하면서도 적당히 문제를 풀 수 있는 인간은 신기한 앵무새다. 그렇지만 수학의 본질적인 중요성에도 불구하고, 여전히 학교 공부로서, 입시 점수로서의 수학은 문제 유형을 익히는 트레이닝으로 귀결되곤 한다. 그런 측면에서 학생들은 반쯤은 인간, 반쯤은 확률적 앵무새로 자란다. 반인반수(半人半獸)로서 정해진 답을 향해 고군분투한다.

이러한 경험이 반복되면 두 가지 부작용을 안고 간다. 첫째, 아이들은 '기타로 오토바이 타자' 같은 질문을 해본 경험을 얻지 못한다. 인공지능이 도구라면, 인간은 그 도구를 활용해서 원하는 바를 얻고자 질문하는 주체가 돼야 한다. 그런데 '질문'에서 1차적으로 막힌다. 둘째, 머리에 패턴을 구겨 넣는 환경에서 성장한 아이들은 무엇보다 문제를 푸는 그 자체를 원치 않게 된다. 정답 찾기에 혹사당한 기억은 문제로부터 학생을 멀어지게 한다. 아이들은 그런 과정을 겪으면서 주어진 일에 노력하는 기존의 가치체계에 더 달라붙게 된다. 그러다가 화면이 잽싸게 먼저 답을 내는 시대 한복판에 던져졌다. 뻣뻣해질 수밖에 없다.

서울대학교 뇌인지과학과 이인하 교수는 학교에서의 학습이 결국 "학교 밖에서도 학습해 생존할 수 있는 정신적인 무기를 탑재해 줘야 한다"고 진단한 바 있다.[16] 본디 문제 풀이는 문제를 파악하고, 문제 풀이에 필요한 재료를 그러모아서 문제를 푸는 근육을 기르는 목적을 갖고 있다. 정답 풀이를 보고 오답 노트를 작성하는 이유 또한 '내가 무엇을 몰랐는지' 알기 위함이다. 그저 주어진 답을, 정해진 풀이 과정을 읊을 수 있는 앵무새를 기르는 것이 아니다. **찾아내고 궁리**

하고 돌파하는 연습을 하는 일환이다.

이러한 연습의 과정에서 항상 승리할 순 없는 법이다. 하지만 정답 풀이에 치우친 현재 교육 시스템은 오로지 결과에 방점을 찍고, 학생들의 완벽함을 요구한다. 모든 영역에서 항상 정답을 맞힐 수 없음에도 지나친 기대를 받을 경우 학습자는 과도한 불안에 빠진다.[17] 이처럼 지나친 불안은 자신이 문제를 풀 수 있다는 자기효능감을 저하시키는 부작용을 낳는다.[18] 이는 학습에 흥미를 잃는 악순환으로 되돌아온다. 용감하게 질문할 수 있는 환경이 부재한 상황에선 질문을 통해 학습을 이어갈 동기도 부재하게 된다는 뜻이다.

확률적 앵무새가 되지 않는 지름길, 그 길은 완벽함이 아니라 다시 일어서는 지속가능성에 있다고 생각한다. 그게 이인하 교수가 말한 '학교 밖에서도 학습해 생존하는 힘'의 핵심이 아닐까. 문제 풀이 자체가 아니라 '문제를 풀 줄 아는 힘'이 중요하며, 그 힘에 동력이 되는 '긍정적인 경험'이 포인트다. 당장 완벽한 답을 내놓지 못하더라도 차차 자신만의 답을 찾아가는 걸 긍정하는, 또 긍정받는 경험이 필요하다. 그러한 힘과 경험은 앞으로 젊은 세대가 화면과 더불어 이 세상을 살아가는 데 꼭 필요한 근육이 될 것이다.

질문하는 기회가 주어질 때

아쉽게도 그동안 아이들의 학습을 이끈 주된 동기가 '즐거움'이나 '호기심'은 아니었다. 좋은 성적표, 그로 인해 거머쥔 스펙이었다. 낙

오하면 안 된다는 조바심이었다. 그래서 지금 Z세대는 반문한다. 그들이 거쳐온 학습의 방식은 일평생 얼마나 유효할까. 그것은 과연 지속가능한 방식인가. 채점 기준과 단판 승부의 게임에서 AI와 겨뤄 살아남을 수 있을까. 어쩌면 이들에게 필요한 역량은 문제 풀이 자체를 기피하지 않는, 먼저 주체적으로 문제 풀이에 나서는 기꺼움이 아닐까 싶다. 이런 측면에서 **선뜻 여러 번 넘어지고 다시 일어설 수 있는 '자기동기화(self-motivating)'**는 허허벌판에서 출발하는 그들의 일생에 크나큰 자산이 될 것이다.

누구에게든 질문의 첫 출발점에 서는 경험이 중요하다. 허나 질문할 수 있는 기회, 누군가에게 기꺼이 질문을 던지려는 마음가짐은 누군가가 이 사회에 성공적으로 적응하고 동화될수록 확연히 줄어든다. 《하버드 비즈니스 리뷰》에 소개된 한 조사에 따르면, 어린 자녀가 다른 사람과 나누는 대화의 70~80퍼센트는 질문이었다. 반면 자녀의 부모는 대화의 15~25퍼센트만을 질문에 할애했다.[19] 이러한 경향이 나타나는 원인으로 전문가들은 **'정답을 맞혀야 인정을 받는 구조'**에 주목한다. 말인즉슨, 누군가가 아주 어렸을 때부터 질문보다 정답을 이야기했을 때 사회적으로 인정받거나 보상을 받는 경험이 반복된다는 것이다. 그러다 보니 아이들이 성장하면서 자연히 인센티브를 얻을 수 있는 방향으로 선택한다는 게 이러한 구조의 함의다.

생각해 보면 성인이 되는 기간 동안 질문의 주체가 되기보다는 정답을 맞혀야 하는 자리에 설 때가 더 많았다. 정답에 들어맞는 행동을 하면 칭찬받는 반면, 거기서 벗어난 질문을 던지면 '이의제기'로 취급받기도 했다. 아무리 주관이 뚜렷해도, 스스로 떳떳하더라도 주변에서 질문을 불편해한다는 걸 지속해서 학습한다면 무의식적으로라도 '정답 맞히기'를 추구하게 된다. 이러한 사회적인 경향이 다시 개인에게 영향을 끼쳐, 우린 누구나 나이가 들수록 질문보다 대답에 치우치는 경향을 보인다. 《하버드 비즈니스 리뷰》의 칼럼니스트들은 이러한 행동이 자칫 "성급하게 결론을 내려야 한다는 조급함"에 치우칠 수 있다고까지 분석했다.

아이러니하게도 그간 교육 현장에서는 '학생이 주도하는 질문 기반의 학습'이 화두였다. 학생이 질문을 통해 자신이 아는 바를 통합적으로 연결하고, 모르는 내용도 발굴해 내는 식으로 학습한다는 관점이다. 이와 같은 학생 주도의 학습은 우리 교육과정 개정 이슈에서도 자주 등장하는 키워드였다. 그럼에도 입시-취업으로 이어지는 유구한 시스템을, 평가 방식을 바꾸는 데는 부침이 따랐다. 그 구조에 부합하는 인간을 양성하기 위해 타이트하게 짜인 시간표는 공고하기만 했다. 이런 환경에서 아이들이 자연스럽게 질문하며 학습을 주도하는 자기동기화 경험을 기대하기는 어려워 보인다.

'수업 시간 질문'에 대한 중고등학생의 인식을 조사한 어느 연구는 여전히 질문이 교육 현장에 부재한다는 점을 시사했다.[20] 설문에 따르면 아이들은 질문이 의사소통에도, 학습에도 핵심이라고 봤다. 그러나 실제로 질문할 때는 '수업 시간에 어떤 행동을 허락받는' 목적이 컸다. 학습을 위한 질문의 성격도 수업이나 교과서를 보충하는 기능에 가까웠다. '더 깊은 내용을 알고 싶어서'나 '다양한 아이디어를 떠올릴 때'에도 학생들은 '질문을 하려다 귀찮아서', '질문하는 분위기가 아니라서', '수업 내용을 완전히 파악하지 못한 것 같아서' 입을 다물었다.

이러한 현실이 야속할 정도로 **'질문하는 인간'**은 중요해지고 있다. 세계경제포럼은 분석적으로, 창의적으로, 유연하게 사고하는 인지능력(Cognitive skill)이 갈수록 중요해진다고 강조했다.[21] 확률적 앵무새가 아니라 '고민하는 인간'이 돼야 화면으로 대체할 수 없는 주체가 된다는 예견이었다. 심지어 과학기술을 이해하고 활용하는 '기술문해력'보다도 '분석적/창의적인 사고(thinking)'가 향후 직업을 갖는데 필요한 순위 중 상위권에 올랐다. 호기심, 평생학습, 유연성, 자기동기화, 유연함, 시스템적 사고 등도 10위 안에 꼽혔다. 어느 때보다 변화무쌍한 시대를 살아가는 만큼 세상을 궁금해하고, 문제를 찾아내 생각하고, 유연하게 적응하는 능력이 각광받는다는 의미다.

아이들의 일과표에는 질문할 기회가 부재한 상황이다. 이럴 때에 그들은 내적인 모티베이션이 결여되기 쉽고, 납작한 세계관에 맞춰 납작한 채점 기준표를 따르기 십상이다. 성인이 돼 버린 Z세대에게는 가열한 취업준비의 길이 목전에 와 있다. 미성년자 Z세대는 입시라는 벼랑 끝에 섰다. **지금과는 다른 가치체계를 따라서, 과거와는 다른 노력을 해야 한다는 걸 막연히 예감하면서도 주어진 길을 이탈하지 못한다.** 나는 그래서 이들이 답답함과 불안함에 시달리며, 때로는 무기력한 세대가 됐다고 생각한다. 진품이 돼야 삶의 지속가능성이 생길 듯한데, 그게 뻔히 보이는데도 복제품으로 트레이닝받고 있는 게 우리 교육 현장의 현실인 것이다.

아이들에게도 확률적 앵무새 프레임에서 벗어나는 경험이 필요하다. 그럴 수 있는 학습의 기회가 절실하다. 그러지 못하면 인간의 포지션은 지치지 않는 앵무새와 겨루는 '유한한 앵무새'로 굳어진다. 말하자면, "스마트폰에 대해 시장 조사 해오라"고 미션을 줬을 때 누가 더 탁월한 결과물을 만드느냐를 두고 다투는 구도가 형성된다. 오토GPT 같은 AI 툴은 몇 가지 세부 목표를 추가로 설정해 주기만 해도 삽시간에 간단한 리포트를 뚝딱 만든다.[22] 발표자료도 멋지게 제작해 낸다. 포문을 열어주기만 하면 화면은 자문자답을 통해 미션에 부합하는 답안을 끌어낸다. 그러니 미래 세대를 위해서라도 한시바삐 다른 학습을 장려해야 하지 않을까. 더 늦기 전에 우리는 그 포문을 여는 연습을 해봐야 한다.

오픈월드에서 살아남기

얼마나 떳떳한 기성세대인지 스스로 되짚어 본다. 내가 누군가에게 무엇이 정답이고 오답이다 함부로 조언할 수 있을까. 솔직히 잘 모르겠다. 애초에 정답과 오답을 갈라서 단정 짓는 것부터 올바른 접근법일지 고민해 봄 직하다. **만약 세상이 '오픈월드 게임'을 닮았다면,** 인생이 광활한 게임 맵에서 게임 플레이를 하는 것과 같다면, 다양해진 게임 문법에 맞게 삶의 자유도와 개방성, 다양성을 조명해야 하지 않을까. 앞서 이 책의 3장에서 소개했던 제임스 카스 교수의 표현을 빌리자면, 인생이 승리와 실패로만 짜인 유한 게임이 아니라 **스스로 다음 도착지를 설정하면서 끊임없이 학습을 거듭하는** '무한 게임', '오픈월드 게임'이라는 걸 기억해야 한다.

경로가 고정돼 있지 않은 망망대해에서는 저마다의 강점과 사정과 바람을 따라 각자의 항로가 있을 테다. 다만 한 가지는 권장할 수 있다. 나이와 무관하게 **스스로 선택과 책임의 주체가 돼 보는 경험**을 해 본다면 앞으로 생존하는 데 반드시 큰 힘이 될 것이다. 그런 경험이란 크고 작은 의사결정의 과정에서 주변 정보(데이터)를 자신의 관점으로 파악하고, 새롭게 맞닥뜨리는 상황을 개선하기 위해 끊임없이 피드백을 주고받는 과정과 다르지 않다. 그러면서 다음 스텝을 무엇으로 어떻게 밟아 나갈지 학습할 수 있다.

앞서 챗GPT를 '지능'이 아니라고 꼬집었던 제프리 무어는 "(언어 모델은) 자치할 수 없다"라고 진단했다. '자치(self-governing)'는 '스스로 선택하고 결정한다'라는 말이다. 화면이 자치할 수 없다는 건, 화면은 자기에게 입력되는 데이터에 대해, 자신이 내놓는 출력값에 대해 가치판단을 할 수 없다는 뜻이다. 정황상 더 나은 답변을 예측할 순 있으나, 그게 실제로 더 나은 답변이라 결정하지는 못한다. 유저가 '이거 별로'라고 평가했는데 언어모델이 나서서 '아니다'라고 부정할 수 있을까. 결국 더 적절한 입력값을 더해 더 나은 결과값을 고르고 결정하는 건 오롯이 인간의 몫, 혹은 고민하고 책임지는 사람의 관할이다.

다시 말해, 화면은 자치의 주체가 될 수 없다. 인공지능은 실로 다양한 역량을 발휘할 수 있지만, 그래서 때로는 화면 너머에서 인간 팀이 수작업을 하고 있는 게 아닌가 의심이 들 정도이지만, 화면은 차마 '인간을 다스리는' 역할은 하지 못한다. 화면이 인간 대신 우리가 나아가야 할 방향을 설정해 주진 않는다. 결국 결정하고, 리스크를 안고 가는 인간의 자리는 미래에도 남는다. 그러므로 먼저 질문을 던지고 문제를 풀어가는 경험은 가장 직관적이고 일상적인 자치의 관문이라 할 수 있다. 이처럼 의사결정의 자리를 기꺼이 받아들이는 인간이 오픈월드에서 살아남을 확률이 높다.

아이러니하게도 화면은 젊은 세대에게 위기인 동시에 **자치의 기회**를 제공한다. 지금의 N세대도 이에 화답해 일찍이 화면을 동료로 삼는 모습을 보인다. 한 설문조사에서 '일하는 데 AI가 미치는 영향'을 묻자 밀레니얼 세대 이하 응답자 중 62퍼센트가 "긍정적"이라고 답했다.[23] X세대(45퍼센트), 베이비부머(38퍼센트)보다 낙관적인 반응이다. 같은 조사에서 젊은층은 자기가 살아 있는 동안 인공지능이 여러 방면에서 인간을 뛰어넘는다고(59퍼센트), 일자리 위협이 될 것이라고(57퍼센트) 보면서도 향후 5년 내에 "똑똑한 기계"와 함께 일할 것(59퍼센트)이라고 전망했다. 실제로 Z세대가 X세대(63퍼센트), 베이비부머(70퍼센트)보다 일자리 위협의 강도를 덜 느끼기도 했다.

많은 Z세대의 구성원들은 이런 자치의 삶을 머리가 아니라 몸으로 살아가고 있다. 예컨대 내가 인터뷰 차 만났던 휴학생 P는 이미 세 가지 다른 직업을 갖고 있었다. 그는 춤을 가르치는 강사로 지역에서 활동하면서 틱톡 등 소셜미디어를 통해 본인이 촬영한 영상물을 자기 스타일로 편집해 올렸다. 또 그 콘텐츠를 완구에 입혀 판매하기도 했다. 영상물을 올린 소셜미디어 채널은 본인의 "포트폴리오"라고 설명했다. 또한 P는 자신의 3번째 직업으로 온라인 쇼핑몰의 대표를 선택했다. 초등학교 때부터 했던 중고거래 노하우를 살려 고등학교 때는 온라인 쇼핑몰을 운영했던 그였다. 나와 만날 당시 P

는 휴학계를 내고 쇼핑몰 앱을 재개하면서 매일 신상품 3개를 구해 업로드하고 있었다. 어떻게 해야 판매를 촉진할 수 있는지, 플랫폼 알고리즘과 정책은 어떠한지 설명하는 P에게서는 프로의 아우라가 풍겼다.

그들을 만나면서 나는 반성하지 않을 수 없었다. 그동안 아이들이 '편식'을 했던 근본적인 원인은 사실 어른들에 있었던 건 아니었을까. 자신들이 익히 플레이해 왔던 장르에 천착해 아이들에게 게임의 룰을 강요하지 않았을까. 그렇다면 다시 물어야 한다. 아이들이 이 세상에서 대체 불가능한 존재가 되기 위해 쌓아야 하는 건 무엇일까. 나의 경험적인 관점에서는, 포기하지 않고 문제를 찾는, 힌트를 모으는, 자신이 이해한 바를 바탕으로 문제에 부딪치는 역량이 필수다. 무한 게임에서 남이 아닌 '나의 게임'을 플레이하는 기량이 여기에 담겨 있다. **오픈월드에는 100점도, 완제품도 없다. 1등만 남는 것도 아니다.** 나의 노력은 '주어진 일을 열심히 하는 것'에 고정되지 않는다. 화면은 그들에게 불안감의 원천인 동시에 그 불안감을 헤쳐 나가는, 자기 잠재력을 극대화하는 '마음의 자전거'로 기능하고 있다.

실패하며 배울 수 있는 자유

7장의 서두에서 H에게 "앞으로는 누구나 3잡, 4잡을 하게 될 것"이라고 조언했던 교수님의 말씀을 기억하는가. 물론 일리 있는 관측이다. 다만 시제를 바로잡을 때 더 와 닿는다. 미래에 3잡, 4잡을 하게 될 테니 지금 무언가를 준비해야 한다기보다는, 3잡과 4잡이 자연스러워진 지금은 무언가 시도하고, 조직하고, 자신이 다스리는 자치 시스템을 구축해 보는 경험이 본질적으로 더 중요해졌다는 의미에 가까워 보인다. 이는 다른 무엇보다도 아이들 곁에 화면이 있기에 가능한 명제다. 물론 선행 조건이 있다. 아이들의 '의욕'이 필요하다. 모든 걸 다 겪어버린 듯한 K의 이야기로 미뤄볼 때 어쩌면 미래의 막연함보다 더 시급하게 풀어야 할 난제는 지금 그들이 겪는 무력감이 아닐까 싶다.

『경이감을 느끼는 아이로 키우기』를 쓴 카트린 레퀴예(Catherine L'Ecuyer)는 아이들의 **경이감**을 보호해야 한다고 강조한다.[24] 경이감은 13세기 철학자 토마스 아퀴나스가 말한 '알고 싶어 하는 욕구'를 일컫는 표현이다. 그렇다면 그들의 경이로워하는 마음을 지키기 위해 우리 사회엔 무엇이 필요할까. 레퀴예는 **자유의 경험**을 촉구한다. 자극을 때려붓기 전에 정답을 정해주지 말고, 아이들에게 발견과 상상과 생각의 자유가 보장돼야 한다는 것이다. 외부 자극의 세기, 빈도를 마음대로 조절하기 어렵다면 최소한 자극의 다양성과 낯섦을 더해야 한다고 대안을 제시한다.

비슷한 맥락에서 세계적인 리더십 코치인 존 맥스웰(John Maxwell)은 『어떻게 배울 것인가』라는 책을 통해 **실수의 필요성**을 주창한다. 우린 어린 시절부터 '실수는 나쁜 것'이라고 배우지만, 사실 실수는 "단순히 몰랐던 것을 알려주는" 역할을 한다는 것이다.[25] 그렇기 때문에 인간은 실수를 하고 나서야 배울 수 있다. 실제로 벤처 업계에는 "실패를 축하한다(Failures to be celebrated)"라는 통념이 존재한다.[26]

오만가지 시행착오와 사업의 경로 변경(피봇, pivot)은 오히려 격려받아 마땅한 '실험'으로 재평가된다. 그리하여 끝끝내 시장의 수요를 찾아 서비스와 비즈니스 모두 성장 가도를 밟아야 마땅하지, 실패를 두려워해 아예 포기해 버리면 안 된다는 지론이다. 실수와 실패가 배움이 될 수만 있다면 아무것도 못하고 옴짝달싹 못하는 것보다야 낫다. 그렇듯 누구든 두려움을 극복하고 시도해 보는 경험을 장려해야 한다는 의미다.

앞서 화면에 중독되지 않고 몰입하는 데에 자기효능감이 결정적이라고 설명했다. 자기효능감은 자신이 어디까지 해낼 수 있는지 아는 감각이다. 지금의 자신이 손쉽게 해낼 수 없는 일을 시도해 봐야 얻을 수 있는 '감'이다. 현재 나의 안전지대 안에서 할 수 있는 액션, 그것만으로는 도달하기 어려운 목표를 설정할 때에만 그 효능감을 맛볼 수 있다는 뜻이다. **때로는 과감하게 시도해야 실패하는 경험치를 얻는다. 그로부터 조망(眺望)하는 능력, 조망해 본 경력을 얻을 수 있다.**[27]

"유튜브가 운이 아니라는 걸 증명하겠습니다." 구독자 180만 명에 달하는 2003년생 크리에이터 '스토리'는 화면을 통해 자기효능감을 발휘한 예시라 할 수 있다.[28] 2023년 10월 그의 유튜브 채널에는 영상 하나가 올라왔다. '스토리'가 본인을 숨기고 새롭게 개설한 유튜브 채널이 한 달 만에 구독자 30만 이상을 보유한 채널로 성장하기까지의 과정을 담은 기록이었다. 그는 기존 채널을 키우기 위해 온갖 실험을 했던 것으로도 유명하다. '스토리'가 쌓아온 실패의 데이터는 고스란히 자양분이 됐고, 이를 새로운 채널에 재현함으로써 배움으로 승화했음을 당당히 알렸다.

그러니 올바른 순서는, 카트린 레퀴예의 지적처럼 **발견과 상상과 생각의 자유에서 출발하는 것**이라고 믿는다. 이를 통해 아이들은 다양한 경험을 하며 자신이 어디까지 해낼 수 있는지를 알아가는 시행착오의 과정으로 넘어갈 수 있다. 쉽게 말하자면 마음껏 '놀아본' 끝에 오픈월드에서 나만의 게임을 지속할 역량을 터득하는 것이다. 이를 반증하듯 레퀴예는 요즘 아이들이 "놀이터에서 스스로 놀기 어려워한다"고 설명한다. 놀이기구와 공간이 주어져도 일부 아이들이 알아서 놀지 못하는 양상을 띤다는 것이다. 그 아이들은 부모에게 "놀이를 정해달라"고 요청하거나 어찌할 바를 몰라 스마트폰으로 회귀하는 모습을 보였다고 한다.

레퀴예는 '일찍이 부모나 매체로부터 규칙과 정답을 이식받는 데 익숙해지면서' (오픈월드 게임의 축소판이라 할 수 있는) 놀이터가 불편해졌다고 분석했다. 넘어졌다가 스스로 일어서는 과정이 역설적으로 자유에 대한 트레이닝과 연계되는데, 그럴 기회가 희소해졌다는 지적이다. 세계적인 마케팅 그루 세스 고딘(Seth Godin) 또한 한 인터뷰에서 "아티스트로 일한다는 것은 한국의 전형적인 엘리트 학교에서 가르치는 문화에 반대하는 것"이라고 말했다.[29] 어떤 직업이든 가보지 않은 길('오픈월드')을 개척하며 가능성에 도전한다면 예술가라 부를 수 있는데, 지금도 사람들은 1년 전에 했던 일을 동일하게 반복한다는 지적이다. 세스 고딘은 이를 "세뇌"라고까지 비판했다.

나다움을 향해 페달을 밟으며

끝으로 이 7장에서 줄곧 언급했던 K의 근황을 공유한다. K는 이전과는 완전히 다른 취미에 눈을 떴다. 자신의 손재주를 마음껏 뽐내고, 그 기록을 온라인에 차곡차곡 모아둔다. 그러다가 아예 전공까지 바꿨다. 이제는 '아무것도 하고 싶지 않다'는 마음보다는 지금 자신이 몰입하는 것, 자신을 자기답게 하는 일들에 집중한다는 근황을 전해왔다. 어떻게 더 잘 해낼지, 살아갈지 고민하고 있다고. 주위에 걱정하는 어른들이 없지 않지만, 그 친구의 눈동자에 다시 에너지가 감돌고 있다니 덩달아 행복했다. 이러나저러나 망망대해와 같은 세상이다. 그렇다면 스스로가 스스로의 나침반이 된 지금이 K에게 얼마나 반가울지 짐작이 간다.

이처럼 기나긴 삶에서 저마다 살아가는 방식은 다를 수밖에 없다. 불확실함이 커졌을 때 누군가는 안정성이 보장된 직업을 골라 리스크를 줄이는 한편, 다른 누군가는 불확실함을 감안해 제 살 길을 재빨리 찾아 나선다. 모험을 떠난다. 이러한 선택의 두 갈래를 여러 항아리에 담긴 물을 차례차례 모두 마시는 일, 혹은 태평양에서 뭘 잡아야 할지 모른 채 자맥질을 하는 일이라고 비유할 수도 있다.[30] 둘 중에서 각자 본인에게 맞는 옷이 있을 것이다. 그렇다면 태평양의 자맥질에서 재미를 느끼며 지치지 않고 도전하는 삶의 방식도 인정받아 마땅하지 않을까. 그 또한 하나의 선택지가 될 수 있게끔 우리 사회의 제도적 환경과 정서적 지원이 필요한 것은 분명하다.

화면은 더 많은 사람들에게 '자기다움을 향하는 자전거'가 될 수 있다.

당장 나부터 이 자전거의 페달을 매일 힘차게 밟는다. 네트워크에 접속할 수만 있다면 어디서든 일할 수 있는 자유를 만끽한다. 내가 스스로 풀고자 하는 문제를 정의하기만 한다면 그에 대한 지혜를 구하기 위해 백방으로 뛰어다닐 수 있다. 내 오프라인의 주변에 도움의 손길이 없대도 괜찮다. 화면 속 세상에 동지 한 명 없을쏘냐. 나의 부족함을 채워주는 인공지능의 손을 빌려가며 오늘도 넘어지고 일어서길 반복하며, 한걸음 나아가는 배움의 기회를 얻는다. 나의 기록이, 친구들이, 자아실현이, 목소리와 효능감과 영감의 원천이 온라인에 있다.

미국 카네기멜론대학교 수학과 교수인 포 셴 로(Po-Shen Loh)는 AI가 더해진 앞으로의 삶에 "주어진 문제를 푸는 걸 넘어 채점하는 법을 배워야 한다"라고 강조한다.[31] 본인 나름의 기준으로 가치를 판단하고, 스스로 가치를 만들어내는 사람이 돼야 한다는 의미다. 그런 맥락에서 나다움을 찾아 자기 삶의 주인이 되려는 시행착오는 단지 옳고 그름의 사안이 아니다. 그것은 모두의 삶에 필수적인 **생존 전략**과도 같다. 기나긴 생애에서 누군가가 자기 자신과 손을 잡고 그 길을 무사히 걸어가려면 더 늦기 전에 발견과 상상의 자유가 주어져야 한다. 지금의 젊은 세대를 위해서도 그렇지만, 아직 살날이 남아 있는 기성세대를 위해서도 마찬가지다. **배움의 즐거움을 잃지 않는다면 온라인 디폴트는 당신의 눈동자를 밝힐 시작점이 될 수 있다.**

그래서 나는 화면을 긍정한다. 화면을 통해 온라인으로 연결된 세상을 응원한다. 비록 그 세상이 자극을 퍼부어 무감각, 무기력함에 빠트리려 한대도, 때로는 우리 일상을 근원적으로 흔들며 불확정성을 키우더라도, 끝끝내 인간이 화면과 함께 성장하는 사회가 되길 희구한다. 온라인과 오프라인을 오가며 살아가는 지금 나 자신의 삶을 긍정하기 때문이다. 10년 전에는 상상도 못 했던 지금의 내 모습이 대체로 맘에 들고, 맘에 들지 않는 부분도 화면과 더불어 개선해 나가기 원한다. 이 책 전체에 걸쳐 화면을 향해 던진 크고 작은 비판과 우려 또한 애정에 기반을 두고 있다. 그렇기에 용기를 내 말문을 열 수 있었다.

이 책의 원고 곳곳에 등장한 지금의 N세대는 내게 스승에 가까웠다. 그들은 태어나 성장하는 동안 오늘날의 미디어 환경을 어떻게 체화하는지 보여주는 교본이자, 이러한 삶의 양식을 어떻게 지속할지, 또 앞으로는 어떻게 살 것인지를 나보다 먼저 질문하고 답하는 선배들이었다. 삶의 다양성을 잃고 무기력해하는 아이들에게는 연민을 느끼는 동시에, 그럼에도 더 나은 세상을 위해 포기하지 않는 그들 모두에게 감사함을 느꼈다. 이들이 아직 넉넉히 남아 있는 여생을 보내는 데는 **질문하는 기회, 실패하는 경험, 다시 일어나 끝끝내 본인이 원하는 바를 준비할 수 있는 시간과 자원**이 꼭 필요하지 않을까.

화면의 이로움이 아이들에게 골고루 선사되기를 바란다. 온라인 디폴트에서는 유한 게임("놀이를 정해달라")과 무한 게임("스스로 증명하겠다") 모두 가능하다. 이 사회에도 실패가 실험이 될 수 있는 분위기가 형성된다면, 실수를 통해 무언가 배울 수 있는 자유가 허락된다면, 그들이 평생 곁에 두고 살아갈 수밖에 없는 화면의 가치도 훨씬 커질 것이다. 관성을 거슬러 모험을 하는 N세대가 늘어나길 기대한다. 아직은 새로운 방식을 취하고 선택할 여력이 없는 아이들을 위해 우리 사회는 더욱 적극적으로 그들이 ‘실패할 수 있는 자유’, 그리고 기회와 자원의 분배를 고민해야 한다. 기성세대가 그들이 머나먼 여행을 하는 데 버팀목이 될 만한 경험을 제공하고 있는지, 그들에게 학습의 장이 충분히 주어졌는지 되돌아보자는 뜻이다. 네트워크를 누비며 더 나다워질 N세대를 그린다. 누구에게나 그럴 자격이 있다. 충분히.

에필로그

다른 길이 있다는 증거

유튜버들이 휴업을 선언하고 있다. 1800만, 640만 명의 구독자를 보유한 대형 유튜버들도 구독자들에게 작별인사를 전했다.[1·2] 본인이 매주 진행하던 코너의 일부를 폐지하거나 아예 채널 운영을 잠정 중단하겠다는 소식이었다. 화면 너머에서 그들은 홀가분해하기도 했고, 눈물을 짓기도 했다.

그들의 메시지는 비슷했다. 크리에이터로 두각을 드러내며 적게는 5년, 길게는 15년 이상 화면과 혼연일체로 살아왔다. 꿈만 같았다. 그럼에도 이 삶에 잠시 쉼표를 찍겠다는 입장을 명시했다. 물론 그들은 앞으로도 온라인으로 살아갈 것이며, 또 그 공간에 머무는 자신을 긍정할 것이다. 그럼에도 이들은 브레이크 페달을 밟았다. 끊임없는 성장과 발전을 좇기보다는 덜 일하고 좀 더 행복해지겠다는 것이었다.

비단 유명 인플루언서들만의 고민거리는 아니라고 생각한다. 오늘날 '내 화면'을 끼고 살아가는 모든 사람들에게 '화면과의 공존'은 다양하고 광범위한 화두를 건넨다. 가깝게는 매일 목이 빠져라 화면만 보고 있는 나 자신을 자책하며 중독을 의심하는 것으로부터, 장기적으로는 기술과 미디어의 발달로 인해 누구든 화면 없이 살 수 없는 몸이 돼 버리는 것, 나아가 화면이 인간에게 하나의 실체적인 위협으로 다가오는 것까지. 이런 모든 질문은 공통적으로 지속가능성을 가리킨다. 이대로 괜찮은가, 그대들은 어떻게 살 것인가. 아이들은 태어나서 장성할 때까지 그 시험대 위에 서서 살아간다.

그러나 젊은 세대의 지속가능성은 생각보다 크게 주목받지 못하고 있다. 여러 해 이 책의 원고를 쓰고 다듬으면서 주변에서 "무슨 책을 쓰냐"는 질문을 받을 때마다 체감했다. 한마디로 정의하기 어려운 이 책의 주제를 'Z세대의 디지털 리터러시와 미디어 환경에 대해 다루는 것'이라고 소개하면, 보통 사람들의 반응은 엇비슷했다. 'Z세대'라는 키워드에 관심을 보이다가, '리터러시'와 '미디어'라는 단어에서 듣는 이의 흥미가 급격히 사그라드는 걸 실감했다. 디지털 리터러시(Digital Literacy)는 디지털 미디어를 통해 정보를 찾고, 평가하고, 조합하는 전반적인 역량을 의미하는바, 많은 이들에게 젊은 세대를 가리키는 유행어는 눈길을 끌지만 그들의 화면 속 삶에 대한 디테일한 논의는 그다지 흥미로워 보이지 않는 듯했다.

Z세대에 관한 담론은 늘 두 가지로 양분된다. 하나는 신흥 소비

주체이자 떠오르는 트렌드의 선두주자로 그들을 보는 시선이다. 그래서인지 마케팅 용어로서 Z세대와 알파세대를 합쳐 '잘파세대'로 부르는 경우도 심심찮게 찾아볼 수 있다. 이러한 맥락에서 그들의 지갑을 어떻게 여는지 고심하며 각양각색의 전략과 전술이 창안된다. 다른 한편에서는 소위 'MZ세대'라는 멸칭 아닌 멸칭도 자리 잡고 있다. 스마트폰에 능하지만 통화는 무서워하는 세대, 무선 이어폰을 귀에 끼고 자기 입장만 생각하는 세대, 자기주장이 너무 강한 세대. 한쪽에서는 어떻게든 모셔 가고픈 젊은 세대가 다른 한편에서는 선을 긋고 거리를 두는 별종으로 불린다. 기이한 세상이다.

그러나 지금의 N세대는 자본주의의 화신, 교화의 대상에 그치지 않는다. 그들도 사람이다. 준거집단에서 소속감을 얻으며, 때로는 스포트라이트를 받고 싶고, 성장과 성공의 기회를 잡고 싶고, 앞으로 무엇을 하며 어떻게 먹고 살지 막막해하는 존재들이다. 설령 이들이 기성세대보다 훨씬 화면친화적이라 해도, 이들이 자기 삶의 길을 걸어가는 한 명, 한 명이라는 데는 변함이 없다. 그런 그들을 두고 할 수 있는 이야기가 돈, 혹은 흉밖에 없을까. 오히려 그들의 일상과 마음을 들여다보기 위해 조금이라도 더 노력하면서, '우리의 미래'를 만드는 '그들의 오늘'을 다채롭게 이해해볼 수 있지 않을까.

'세대'를 구분했지만, 사실상 우리는 N세대라는 카테고리로 한데 묶인다. 아이들의 오늘과 나의 오늘, 그들의 미래와 나의 미래는 결국 포개져 있다. 그래서 아이들의 화면 속에서 무슨 일이 일어나고 있는지 살펴보고, 그들의 삶에 대해 입체적으로 바라보는 시도는 진정 기성세대를 위함이기도 하다. 어째서 게임이 삶을 살아가는 하나의 태도이자 세계관 자체가 됐는지, 아이들이 왜 화면의 문제를 해결하는 데 직접 나서고 있는지, 어떻게 온라인이 미래 세대에게 절대적으로 중요한 공간이자 연대의 장이 됐는지를 성실하게 파악한다면, 이러한 젊은 사람들의 행보는 우리 공동체의 다음 행보에 대한 힌트가 될 수 있다. 화면의 영향력이 얼마나 강력해졌는지를 가늠하면서 그 한계와 부작용을 찬찬히 살피는 일은 세대와 무관하게 이 온라인 디폴트와 인공지능의 세상에서 어떻게 살아가야 할지를 둘러싼 대화의 물꼬를 트는 계기도 될 것이다.

더 큰 성취를 앞두고도 '잠시 멈춤'을 선택한 크리에이터들처럼, 우리도 이 화면친화적인 삶의 지속가능성에 대해 고민할 시점이다. 궁극적으로 이 사회는 온라인 디폴트의 분기점에서 어떤 길을 가야 하느냐에 대한 문제를 마주하고 있는 셈이며, 그 안에서 지속가능성을 고려하는 아이들에게 어떻게 도움을 줄 수 있는지를 적극적으로 검토해야 할 타이밍이라는 뜻이다. 이 책에서 줄곧 짚어왔듯, 과거의 성공방정식을 지금 100퍼센트 적용하기 어려울 테다. 서로 다른 N세대가 이해의 간극을 좁히기 위한 대화를 시작했다면, 우리가 아이들에게 어떤 이야기를 해줄 수 있을까 생각해야 하는 다음 단계가 기다리고 있다. 아마 아이들이 가장 궁금해하는 것은 '다른 길이 있다'는 증거가 아닐까. 나는 기성세대로서 아이들이 지금과 다르게 살 수 있다는 걸 몸소 보여줘야 한다고 믿는다.

이 책을 마무리하며, 내게 깨달음을 줬던 미팅을 떠올린다. 2023년 연말이었다. 화면 너머로 처음 만난 틱톡커 M은 함박웃음을 지으며 내게 말했다. "만나보고 싶었다"라고. 분명 내가 먼저 주선한 자리였는데 신기할 따름이었다.

배경은 이랬다. 스스로 콘텐츠를 만드는 사업자가 되면서, 나는 꾸준히 새로운 인재를 만나 이야기를 듣고 영감과 통찰과 인연을 얻어야겠다고 다짐했다. 그러던 차에 틱톡에서 괜찮은 영상 채널을 발견했다. 무턱대고 DM을 보냈다. 감사하게도 틱톡커 M이 선뜻 만남에 응했다. 화상으로 연결될 수 있었다. 그는 졸업을 1년 앞둔 대학생이었다. 대략 나보다 열 살쯤 어린, 생기와 총기가 넘치는 콘텐츠 제작자였다. 그러니 그를 만나고 싶어했던 건 나였다. 역으로 그의 입장에서 날 만나려는 이유가 무엇인지 궁금해졌다.

M은 고민을 털어놓았다. 커리어에 대한 고민이었다. 대학교에 다니면서 창업도 해보고, 개인 크리에이터로도 다양한 시도를 해보고 있는 그에게도 졸업을 앞두고 본격적인 취업 준비 시즌이 찾아왔다. 주변 친구들은 유명한 기업에 들어가거나 컨설턴트가 되고자 학점 및 스펙 쌓기에 한창이었다. "근데 저는 제가 거기에 맞는 사람이 아닌 것 같더라고요." 인턴 경험을 통해 본인이 위와 같은 업과 적성이 맞지 않다는 걸 깨달은 뒤 M의 막막함은 더해졌다. 그러던 찰나에 내가 먼저 연락을 해온 것이었다. 대기업에도 다니지 않고, 돈 잘 버는 고정된 직업도 가지지 않은 이상한(?) 어른, 모르는 누군가의 연락이었다.

1시간 넘게 대화한 끝에 M의 고민은 궁극적으로 '살아가는 방식'

에 관한 것이라는 생각이 들었다. 돈 잘 벌고 남들이 알아주는 든든한 회사에 다니는 것도 값진 시간이지만, M은 자신을 퍽 잘 알고 있었다. 이미 여러 시행착오를 거친 끝에 자율적으로 일하는 방식이 자신에게 가치 있다는 걸 파악했다. 다만 그다음 스텝으로 가는 계단이 보이지 않았던 상황이었다. 그런 M에게 프리랜서로 콘텐츠를 만들며 여러 스타트업과 협업하는, 울퉁불퉁한 내 생활이 참고자료(레퍼런스)로 보였던 모양이다. "그렇게 일하는 것도 가능하군요." 나는 그냥 내 생활과 고민거리에 대해 나눴을 뿐인데도 M에게는 그 자체가 하나의 가능성, '다른 길이 있다'는 증거로 비친 듯했다. (나중에는 일부 프로젝트를 협업하는 관계로 발전했다.)

요즘 나의 일상이라고 이야기 나눈 내용물이 굉장히 기발하거나 대단치는 않았다. 다만 나는 두 가지 대원칙하에서 나의 무한 게임에 임하고 있다고 전했다. 규칙을 스스로 만들어가야 한다는 것, 그리고 길 없는 정글에서 살아남으려면 반드시 동료를 구해야 한다는 원칙에 관한 이야기였다.

첫째, 당장 다음 달에 내가 무엇을 하고 있을지 정확히 모를 때는 지시를 기다리기보다는 나 자신에게 지시를 하는 편이 낫다. 안개가 걷히길 기다리는 게 아니라 조그마한 단서와 발자취를 추적하며 안갯속을 걸어 나아가는 자세다. 내가 무엇을 위해 어떤 문제를 해결하고 있는지만 잊지 않는다면 경로 변경을 두려워할 이유는 없다. 자치하는 인간으로서 '온라인'이라는 마음의 자전거를 열심히 움직이고자 한다. 화면은 어제보다 오늘 더 다양한 선택지와 단서를 제공한다.

둘째, 동료의 중요성이다. 사실 내가 선택한 삶의 방식은 두려울 수밖에 없다. 어느 누가 실패를 달가워하고 모호함을 반길까. 그럼에도 차차 전진하기 위해서, 살아남기 위해서는 동료가 절실하다. 내가 고민을 털어놓을 수 있는 사람, 비슷한 고민을 하거나 다른 의견을 가진 사람, 내가 문제를 풀어가는 데 조금이나마 도움의 손길을 주는 주변인들이 있기 때문에 모험도 가능해진다. 감사하게도 화면을 통해 나와 같은 길을 걸어가는 이들을 만날 수 있었다. 온라인이 내 정체성이자 소속감 그 자체가 되곤 했던 것이다.

넘어져도 다시 일어서는 힘. 역으로 나 또한 그들에게 동료가 돼 줘야 한다는 의미라고 생각한다. 오픈월드를 누비는 무한 게임은 결국 서로 도움을 주고받으며 꾸준히 목표를 세우고 수행하는, 끝없는 여정이니까. M에게 먼저 만나자고 용감하게 연락을 취할 수 있었던 원동력 또한 결국 나 혼자 살아갈 수도, 성장할 수도 없다는 예감 때문이었다. 연대야말로 지속가능성을 위한 가장 명료한 실천이 아닐까. '자치'와 '연대'는 이제 막 항해에 나선 내가 깨우친 두 가지 원칙이 됐다.

이러한 나의 짧은 경험이 M에게 참고자료가 됐다니 새삼스러웠다. 누군가 보기에는 영 잘못 든 길 같아 보일 수도 있다. 그럼에도 다른 누군가에게는 그게 표지판 역할을 한다. "잘못 든 길이 지도를 만든다"라는 어느 시의 한 구절처럼. 오픈월드에 먼저 입성해 본 사람이 있을 때, 그들이 기꺼이 잘못 든 길을 지도로 만들 때 미래는 보다 다채로워질 것이다.

어쩌면 M에게 아직 그런 레퍼런스가 보이지 않았다는 것이야말로 지금 이 사회가 해결해야 할 문제이지 않을까 짐작한다. 우리는 젊은 세대가 자신만의 게임을 펼칠 수 있는, 모험할 수 있는 세상을 만들어왔는가. 스스로가 엄청난 보탬이 되진 못하더라도, 적어도 무한 게임의 포문을 앞장서서 열었다는 점을 위안 삼는다. 내가 먼저 실패하고 시행착오를 거쳐 하나의 레퍼런스가 되는 게 기성세대로서 나 자신이 해내야 할 몫이라는 마음이 들었다.

그들이 걸어가는 길목마다 난관이 도사릴 것이다. 불 보듯 뻔하다. 당장 화면의 이점이 골고루 퍼져 있지 않다는 것부터가 이 사회의 숙제로 남아 있다. 화면이 주는 이로움이 편견과 오해로 가려지는 경우가 있다는 점도 배제할 수 없다. 온라인이 몰입보다 중독을 야기한다는 오명도 기어코 씻어내고 해결해야 할 과오다. 온라인을 기본값으로 만든 기성세대가 정작 그로 인해 샘솟는 '어떻게 살 것인가'라는 질문을 간과했음을 통감한다.

그렇게 우리가 손 놓고 있을 때 그 미래를 더 오래 살아가야 할 젊은 세대는 가시밭길을 걷는다. 아이들은 어른들이 만든 게임식 세상을 받아들이면서 그것이 야기하는 삶의 불균형을 고스란히 답습하지만, 온라인을 통해 자신만의 커뮤니티를 찾고자 하는 그들의 심정을 먼저 헤아리려는 어른은 드물었다. 알고리즘이 가짜뉴스와 동일한 자극의 쳇바퀴를 굴릴 때 이로부터 자신을 지키는 몫은 개개인의 것으로 돌아갔다. 인공지능이 바꿔놓은 장래희망은 젊은 세대에게는 생존의 문제일 텐데, 이 사회는 '인생 다 원래 불공평하고 괴로운 것'이라고 그들의 눈을 가리지 않았나. 그렇듯 그들의 고민을 '별것 아닌 것'으로 치부하는 분위기, 그로부터 비롯된 '어쩔 수 없다'는 체념이 우리 사회의 무기력한 세대를 낳았던 건 아닐까. 적어도 그들이 현재의 지속가능성 문제를 일으킨 발단은 아니라는 것만은 분명하다.

그럼에도 아이들은 물러서지 않는다. 이 책에 등장한 여러 젊은이들은 이미 저마다의 고유한 길을 걷고 있다. 자기 나름의 선택을 축적하며 서로 다른 경로를 간다. 공통점이 있다면 끝내 자기 삶을 포기하지 않았다는 것이다. 이 사회가 재단한 기준에 부합하지 않더라도 길 없는 길을 만들며 애쓰는 그들이다. 그러니 어른으로서 아이들에게 훨씬 다양한 내일이 있다는 걸 보여줘야 한다고 믿는다. 다른 길이 있다는 가능성만으로도 그들이 조금이나마 경이감을 되찾는 데 일조할 테니까. 그때부터 화면은 '다스리는 사람'의 가장 든든한 아군이 될 것이다. 결국 화면에 대한 나의 기나긴 보고는 '앞으로 어떻게 살 것인가'에 대한 고찰이었다. 무한 게임을 살아가는 우리 모두를 위해 '이렇게 살아보자'고 손을 내밀어 본다.

주

1장 아이들은 화면에 '중독'된 걸까

1 유튜브 채널 〈세바시 인생질문〉
https://youtu.be/IoPHJ4_2cR4
2 https://digital-business-lab.com/2022/10/%E2%91%A1-social-media-penetration-in-japan-research/
3 https://nordvpn.com/ko/research-lab/lifetime-online/
4 오주현, 박용완, 「영유아의 스마트 미디어 사용 실태 및 부모 인식 분석」, 《육아정책연구》, 2019. 12. vol13 no.3.
5 한국지능정보사회진흥원, 「2022 인터넷이용실태조사」 최종 보고서, 2023. 5. 8., 22p.
6 한국언론진흥재단, 「2022 10대 청소년 미디어 이용조사」주요 결과 발표, 2022. 11. 30.
7 김고은, 「청소년 뉴스 이용 '다양한 매체'서 '짧게' 본다」, 《한국기자협회》, 2022 12. 1.
8 임재영 외, 「2012 스마트폰이용실태조사」, 한국인터넷진흥원, 2012. 12.
9 Ofcom ,「Children and parents: media use and attitudes report 2022」, 2022. 3. 30., 67p.
10 Michael DeGusta, 「Are Smart Phones Spreading Faster than Any Technology in Human History?」, 《MIT Technology Review》 2012. 3. 9.
11 Phil Swan, 「Entrepreneurship and Generation Z: the behavioural characteristics of Generation Zentrepreneurs in Wales」, University of South Wales, 2021. 3.
12 https://mccrindle.com.au/article/topic/generation-alpha/generation-alpha-defined/
13 김성기, 「[21세기 키워드] N세대」, 《중앙일보》, 2002. 2. 25.
14 돈 탭스콧, 허운나·유영만 옮김, 『N세대의 무서운 아이들』, 물푸레, 1999. 5.
15 이선기, 「디지털 도사 N세대 뜬다」, 《전자신문》, 1999. 10. 2.
16 Marc Andreessen, 「Why Software Is Eating The World」, 《The Wall Street Journal》 2011. 8. 20.
17 유튜브 채널 〈COMON21communication〉
https://youtu.be/z1EB9W_RMmQ
18 유튜브 채널 〈a16z〉

https://youtu.be/RF5VIwDYIJk
19 한국은행, 「2022년 중 전자지급서비스 이용현황」 보도자료, 2023. 3. 24.
20 「E-commerce as percentage of total retail sales worldwide from 2015 to 2027」, 《Staista》, 2023. 8.
21 한국은행 , 「금융안정보고서」, 2023. 6.
22 염지원·오기환, 「코로나19 이후 급부상하고 있는 디지털헬스산업」, 한국바이오협회, 2021. 7.
23 Mordor Intelligence, 「디지털 물류 시장 규모 및 점유율 분석: 성장 동향과 예측(2023-2028년)」, 《글로벌 인포메이션(Global Information)》, 2023. 8.
24 한국국방연구원, 「2024 국방정책 환경 전망과 과제」, 2023. 12.
25 John Gantz & David Reinsel, 「THE DIGITAL UNIVERSE IN 2020: Big Data, Bigger Digital Shadows, and Biggest Growth in the Far East」, 《IDC》, 2012. 12.
26 「Volume of data/information created, captured, copied, and consumed worldwide from 2010 to 2020, with forecasts from 2021 to 2025」, 《Staista》, 2021. 6.
27 정용한, 「'호모 스마트포니쿠스', 세대별 진화 속도」, 정보통신정책연구원 《KISDI STAT Report》, 2019. 7. 30.
28 Yena You , 「'스노우' AI 기능 출시로 수익 급증하며 누적 매출 2천만 달러 돌파, 이 중 90%는 올해 올려 국내 사진 및 동영상 카테고리 매출 성장 1위」, 《센서타워》, 2023. 8.
29 고기정, 「이력서에 AI 프로필인사담당자 대답은 안 하시는 게」, 《아시아경제》, 2023. 11. 28.
30 계승현, 「행안부 AI 프로필사진으로 주민등록증 발급 안 돼」, 《연합뉴스》, 2023. 6. 27.
31 Brynn Mannino, 「Ideal to Real Body Image Survey」, 《AOL》, 2014. 4., 2p.
32 「Average youngster clicks 14 selfies a day: Google」, 《The Economic Times》, 2015. 8. 23.
33 「Social media, filters and the 'Selfie Talk'」, Dove, 2022. 1. 16.
34 Pressler, Mark P. M.D et. al., 「Size and Perception of Facial Features with Selfie Photographs, and Their Implication in Rhinoplasty and Facial Plastic Surgery」, 《Plastic and Reconstructive Surgery》, 2022. 4. vol.149 no.4.
35 Kamleshun Ramphul & Stephanie G. Mejias, 「Is "Snapchat Dysmorphia" a Real

Issue?」, 《Cureus》, 2018. 3. 3.
36 「Percentage of U.S. internet users who use Snapchat as of 3rd quarter 2020, by age group」,《Staista》, 2023. 8.
37 유튜브 채널 〈Fox News〉
https://youtu.be/66-rKBht0rg?t=46
38 Elle Hunt, 「Faking it: how selfie dysmorphia is driving people to seek surgery」, 《The Guardian》, 2019. 1. 23.
39 https://www.assemblee-nationale.fr/dyn/16/textes/l16b1006_texte-adopte-commission
40 UK Government,「Government response to the House of Commons Health and Social Care Committee's second report of session 2022 to 2023 on the impact of body image on mental and physical health」, 2023. 2.
41 Katharina Buchholz, 「How Couples Met」, 《Staista》, 2020. 2. 13.
42 이보민, 「이력서, 웹 서비스처럼 만들어야 하는 이유 4가지」, 《데이터리안》, 2022. 7. 31.
43 https://twitter.com/ShaanVP/status/1454151237650112512
44 Shawn Foust, 「Metaverse is an identity, not a place」, 《Venturebeat》, 2022. 7. 1.
45 유튜브 채널 〈유 퀴즈 온 더 튜브〉
https://youtube.com/shorts/b0w-2DxEMtY?si=1h4bZ0jlk_q8AxB4
46 유튜브 채널 〈근황올림픽〉
https://youtu.be/KWAwdHj4xgU
47 통계청, 「국민 삶의 질 2022」, 2023. 2. 20.
48 「Gen Z and the metaverse」, Nokia & Ipsos, 2022. 9., 8p.
49 「Gen Z and the metaverse」, Nokia & Ipsos, 2022. 9., 10p.
50 「Gen Z and the metaverse」, Nokia & Ipsos, 2022. 9., 10p.
51 「Gen Z and the metaverse」, Nokia & Ipsos, 2022. 9., 16p.
52 「Gen Z and the metaverse」, Nokia & Ipsos, 2022. 9., 11p.

2장 인공지능 이후의 세상

1 전승민, 「알파세대는 챗GPT가 신기하지 않다」, 《제일기획 매거진》, 2023. 2. 24.

2 홍정림 & 최보름, 「인공지능 스피커와 아동들의 상호작용: 유형별 성공/실패 사례 도출을 위한 현장 연구」, 한국콘텐츠학회 《한국콘텐츠학회논문지》, 2020. 7. 28. vol. 20.

3 Grace Dean, 「An artist who won an award at a world-renowned photography competition says the winning image was actually generated by AI」, 《Business Insider》, 2023. 4. 18.

4 Michael Olenick & Peter Zemsky, 「Can GenAI Do Strategy?」, 《Harvard Business Review》, 2023. 11. 24.

5 임의영, 「H. A. Simon의 제한된 합리성과 행정학」, 서울대학교 한국행정연구소 《행정논총》, 2014. 6. vol.52 no.2.

6 황종성, 「지능사회의 패러다임 변화 전망과 정책적 함의」, 한국지능정보사회진흥원 《정보화정책》, 2016. vol.23. no.2

7 Par La Salam & Xavier Demagny, 「"L'IA amplifie l'intelligence humaine comme la machine amplifie la force", juge l'un de ses pres, Yann le Cun」, 《Radiofrance》, 2023. 4. 12.

8 https://elf.tech/

9 유튜브 채널 〈꼬깃꼬깃〉
https://youtu.be/ahBKiNZFBNI

10 Mia Sato, 「Grimes says anyone can use her voice for AI-generated songs」, 《The Verge》, 2023. 4. 25.

11 Jon Porter, 「YouTube previews AI tool that clones famous singers with their permission」, 《The Verge》, 2023. 11. 16.

12 https://www.marketsandmarkets.com/Market-Reports/low-code-development-platforms-market-103455110.html

13 Andy Clark & David J. Chalmers, 「The Extended Mind」, 《The Philosopher's Annual》, 1998 vol.21.

14 셰리 터클, 이은주 옮김, 『외로워지는 사람들』, 청림출판, 2012. 6.

15 「May 2023 Layoffs Jump on Tech, Retail, Auto; YTD Hiring Lowest Since

2016」, Challenger, Gray & Christmas, Inc., 2023. 6. 1.
16 「The Potentially Large Effects of Artificial Intelligence on Economic Growth」, Goldman Sachs, 2023. 3. 26.
17 Josie Cox, 「AI anxiety: The workers who fear losing their jobs to artificial intelligence」, 《BBC》 2023. 4. 19.
18 「생성형 AI에 대한 소비자 인식 조사」, 《메조미디어》, 2023. 12. 27.
19 최승은, 「Z세대는 가장 모험적이고 적극적인 디지털 참여자이다」, 《매드타임스》, 2024. 1. 9.
20 Nishtha Pandey, 「63% Gen Z worried how AI will affect jobs what else did a study reveal about today's workplace expectations」, 《CNBC TV18》, 2023. 10. 10.
21 전북특별자치도교육청 창의인재교육과, 「생성형AI(대화형AI)에 대한 청소년들의 인식 조사」, 2023 전북통계활용발표회 고등수상작, 2023. 12. 12.
22 Cecilia Ka Yuk Chan & Katherine K. W. Lee, 「The AI generation gap: Are Gen Z students more interested in adopting generative AI such as ChatGPT in teaching and learning than their Gen X and millennial generation teachers?」, 《Smart Learning Environments》, 2023. 11. 15.
23 세계경제포럼(World Economic Forum), 「The Future of Jobs Report 2023」, 2023. 4. 30.
24 한국고용정보원, 「인공지능·로봇시대에도 살아남을 직업은?」, 2016. 3. 24.
25 송길영, 『시대예보: 핵개인의 시대』, 교보문고, 2023. 9.
26 이명호, 「플랫폼 독점, 자유 민주주의를 위협하는가?」, 소프트웨어정책연구소 《월간SW중심사회》, 2021년 2월호
27 Sriparna Pathak & Divyanshu Jindal, 「The AI Race: Collaboration to Counter Chinese Aggression」, 《Institute for Security & Development Policy》, 2023. 1. 24.
28 이지선, 「장애의 장벽을 허무는 모두를 위한 디자인」, 《한국일보》, 2020. 11. 12.
29 Pascale Davies, 「Thumbs down for Facebook as users opt to #DeleteFacebook in a further blow to social media giant」, 《Euronews》, 2022. 4. 2.
30 전창배, 「아마존 채용 AI는 왜 남성을 우대했나」, 《한국일보》, 2021. 10. 14.
31 김용래, 「우버, 영국 운전자노조와 첫 단체협약공유경제 노동권 이정표」, 《연합뉴스》, 2021. 5. 27.

3장 인생은 게임처럼, 게임은 인생처럼

1 김성태, 「게임은 질병이 아니다」, 《서울경제》, 2023. 10. 12.

2 국립현대미술관, 〈게임사회〉 전시회
https://www.mmca.go.kr/exhibitions/exhibitionsDetail.do?exhId=202302010001614

3 「7분 만에 읽는 바람의 나라 역사」, Red bull, 2020. 7. 30.

4 「Global Video Game Consumer: Market Overview」, DFC Intelligence, 2023. 4.

5 메가리서치, 「2022 게임이용자 실태조사」, 한국콘텐츠진흥원, 2022. 8. 31., 13p.

6 메가리서치, 「2022 게임이용자 실태조사」, 한국콘텐츠진흥원, 2022. 8. 31., 20p.

7 Janine Yorio & Zach Hungate, 「The Metaverse Will Make Gamers of Us All」, 《CoinDesk》, 2022. 3. 24.

8 Kevin Westcott & Jana Arbanas & Jeff Loucks, 「2022 Digital media trends, 16th edition: Toward the metaverse」, 《Deloitte》 2022. 3. 28.

9 이원용, 「게임계에 스며든 '버튜버 열풍' 수박 게임, 연간 구글 검색 게임 2위」, 《글로벌이코노믹》, 2023. 12. 12.

10 Mihaly Csikszentmihalyi, 『Flow: The Psychology of Optimal Experience』, Harper & Row, 1990. 1.

11 이형철, 「출시 3년 만에 깜짝 흥행! '어몽 어스'가 전하는 진심」, 《디스이즈게임》, 2020. 7. 30.

12 https://talent.roblox.com/search/jobs

13 Bryant Francis, 「Why Roblox Corp. has added recruitment tools to Roblox's tech stack」, 《informa》, 2023. 1. 31.

14 이하은, 「로블록스 게임인가 아닌가… 메타버스 게임시장 영향」, 《시사저널》, 2021. 7. 29.

15 이나연, 「[메타버스 가이드라인(상)] 로블록스·제페토는 게임인가 메타버스인가」, 《디지털데일리》, 2022. 10. 1.

16 Michael Acton, 「US Supreme Court will not review Apple fight with Epic Games over App Store」, 《Financial Times》, 2024. 1. 17.

17 Adi Robertson, 「Apple said Roblox developers don'ts make games, and now Roblox agrees」, 《The Verge》, 2021. 3. 15.

18 Gaby May & David LaBar, 「Razorfish Study Finds 52% of Gen Z Gamers Feel More Like Themselves in the Metaverse than in Real Life」, 《Razorfish》, 2022. 4.
19 대학내일 20대연구소 뉴스레터, 「Z세대와 어른 세대는 게임하는 방법도 다르다?」, 《대학내일》, 2022. 7. 29.
20 「How Different Generations Engage with Games」, 《Newzoo》, 2021. 8. 19p.
21 「How Different Generations Engage with Games」, 《Newzoo》, 2021. 8. 19p.
22 김청희, 김남두, 「성별·연령대별 유튜브 및 넷플릭스 콘텐츠 이용행태 분석」, 《KISDI Perspectives》, 2021. 7. No.3.
23 Andrea Knezovic, 「Generations and Gaming: How Different Generations Engage with Games」, 《udonis》 2023. 2. 27.
24 김지윤, 「숏폼 콘텐츠의 새로운 전망, '게임스러움'」, 《제일기획 매거진》, 2023. 4. 10.
25 이수민, 「Z세대가 소셜 AI로 친구 사귀는 법 오픈타운 인터뷰」, 《아웃스탠딩》, 2022. 6. 24.
26 이영아, 「'부캐'로 '톡'하며 돈 번다 상상이 현실된 오픈타운」, 《테크M》, 2022. 10. 15.
27 필 나이트, 안세민 옮김, 『슈독』, 사회평론, 2016. 9.
28 제임스 P. 카스, 노상미 옮김, 『유한 게임과 무한 게임: 인생이라는, 절대 끝나지 않는 게임에 관하여』, 마인드빌딩, 2021. 9.
29 유튜브 채널 〈셜록현준〉
https://youtu.be/wck9GsV6NbU
30 https://blog.naver.com/sgospel/222138832907
31 안하늘, 「'내가 답하면 누군가를 돕는다' 스무 살 지식IN을 만든 힘」, 《한국일보》, 2022. 10. 8.
32 「The Metaverse: New Study Reveals Surprising Gen Z Insights」, 《Razorfish》, 2022. 4.
33 Microsoft Store Team, 「Gen-trepreneur Z is making its mark on the future of small business」, 《Microsoft Windows Blogs》, 2022. 6. 6.
34 https://wpengine.com/resources/gen-z-2020-full-report/
35 David Molloy, 「How playing video games could get you a better job」, 《BBC》, 2019. 8. 30.
36 https://interactive.wharton.upenn.edu/games/
37 「Realizing 2030: A Divided Vision of the Future」, Dell Technologies, 2023. 6., 3p.

38 Rex Woodbury, 「Gen Z Behaviors & The Consumer Renaissance」, 《Digital Native》, 2021. 1. 20.
39 Nick DeWilde, 「18 Trends That Will Shape Our Careers in 2022」, 《The Jungle Gym》, 2021. 12. 6.
40 김경록, 「초중고 자퇴생 매년 4만명 발생, 여가부 폐지 땐 어쩌나」, 《뉴시스》, 2022. 9. 21.
41 John White, 「The Pitfalls of Being a Gen Z Entrepreneur」, 《Inc》, 2017. 09. 20.
42 통계청, 「2021년 전국사업체조사 결과(잠정)」, KDI 경제정보센터, 2022. 9. 29., 9p.
43 이승재, 「작년 사업체 4.4만개? 2030 '젊은 사장님' 늘었다」, 《뉴시스》, 2022. 9. 29.
44 https://www.activecampaign.com/lp/small-business-week-report-2022
45 Bryan Lufkin, 「How the youngest generation is redefining work」, 《BBC》, 2018. 2. 28.
46 임주형, 「[테크토크] 연매출 300억 1인 기업 쏟아진다, 비밀은 'AI'」, 《아시아경제》, 2023. 5. 29.
47 김송이, 「부업부터 폐업까지 '브이로그'에 서린 자영업자들의 애환」, 《조선비즈》, 2020. 10. 4.
48 유튜브 채널 〈30대 자영업자 이야기〉
https://youtu.be/kvbC9AXD7wU
49 김윤주, 「'하라는 공부'만 공부냐, '다꾸' 좋아해서 창업하는 '10대 사장들'」, 《한겨레》, 2022. 1. 26.
50 Jessica Klein, 「Are Gen Z more pragmatic about love and sex?」, 《BBC》, 2022. 1. 8.
51 「Relationships: A Status Update」, Vice Media Group, 2020. 5., 9p.
52 Madhurima Bhatia, 「Generation Z inspire their predecessors in every way」, Ipsos, 2020. 3. 31.
53 https://blog.collinsdictionary.com/language-lovers/a-year-of-permacrisis/
54 박보희·홍유경, 「"Z세대라고 재택만 좋아하는 건 아니라고요"」, 《잡플래닛》, 2022. 8. 24.
55 고승연, 「97세대에게 Z세대를 알려드림」, 《신동아》, 2021. 1. 10.
56 김민희, 「20년 만의 귀환, X세대가 다시 주목받는다」, 《주간조선》, 2019. 9. 19.
57 김성민, 「[만물상] 점점 현실이 돼 가는 게임」, 《조선일보》, 2023. 11. 21.
58 심진용, 「"LoL은 한국 최고 인기 스포츠" LoL이 스포츠가 맞느냐는 시선, GOAT '페

이커'의 묵직한 한마디」, 《경향신문》, 2023. 9. 30.
59 국립현대미술관, 〈게임사회〉 전시회
https://www.mmca.go.kr/exhibitions/exhibitionsDetail.do?exhId=202302010001614

4장 화면은 외로움을 조장하는가?

1 홍종래, 「[KISTI과학향기]마스크가 어린이의 감정 인지에 영향을 줄 수 있다?」, 《전자신문》 2020. 10. 19.
2 조안 베르니코스, 윤혜영 옮김, 『움직임에 중력을 더하라』, 한문화, 2021. 1., 96p.
3 유튜브 채널 〈EO 이오〉
https://youtu.be/IV61TDHiALo
4 임영신, 「카카오 CEO도 놀랐다, 카톡 오픈채팅 사용자 76% 쑥」, 《매일경제》, 2022. 7. 26.
5 박상현 외, 「메타버스 기업 제페토의 성장경쟁력 분석과 발전전략: SWOT, TOWS 발전모델을 중심으로」, 대한산업경영학회 《산업융합연구》, 2022. Vol.29 No.6., 7~15p.
6 안유리, 「상황극 놀이하고 제페토 드라마 봐요 10살 서윤이의 제페토 일상」, 《이투데이》, 2021. 10. 5.
7 유튜브 채널 〈차클 플러스〉
https://youtu.be/vtkYMX8Hwco
8 유튜브 채널 〈Filosofia Acadmica〉
https://youtu.be/V7lUtUsfARA
9 Vicky Schaubert, 「My disabled son's amazing gaming life in the World of Warcraft」, 《BBC》, 2019. 2. 7.
10 유튜브 채널 〈Robert Steen〉
https://youtu.be/81JYi5PZzwI
11 http://musingslif.blogspot.com/
12 https://musingslif.blogspot.com/2013/07/my-escape.html
13 유튜브 채널 〈The Financial Review〉

https://www.youtube.com/watch?v=L40B08nWoMk

14 유튜브 채널 〈AFP News Agency〉
https://www.youtube.com/watch?v=7Yf4dFsT2x8

15 문일요, 「SNS로 연결된 우리, 사회에 대한 고민도 변화 위한 행동도 함께하죠」, 《조선일보》, 2019. 3. 26.

16 Corey Seemiller & Meghan Grace, 「Generation Z: Educating and Engaging the Next Generation of Students」, 《About Campus》, 2017. 7. 1. (vol.22 Issue 3)

17 이영경, 「Z세대가 '별종'이라는 기성세대에게 …"ㅋ 어."」, 《경향신문》, 2023. 1. 14.

18 김수경, 「페이스북이 분석한 Z세대의 핵심 "정체성·행동주의·공동체·커머스·회복력"」, 《브랜드브리프》, 2020. 10. 21.

19 https://wpengine.com/resources/gen-z-2020-full-report/

20 이정희, 「스타벅스 시위에서 노동조합이 읽어야 할 것」, 《시사인》, 2021. 11. 2.

21 https://whitepaperproject.com/ko.html

22 이지행, 「역사 수정주의에 저항하는 BTS 팬덤의 기억 정치」, 《결》, 2023.11.20.

23 신필수, 「사람들은 왜 그림판 하나에 감동했을까요? (feat.레딧 만우절 이벤트)」, 《아웃스탠딩》, 2022. 4. 27.

24 정다운, 「韓日, 가상 세계서도 독도 놓고 신경전」, 《동아일보》, 2021. 3. 30.

25 Taylor Lorenz, 「Internet communities are battling over pixels」, 《Washington Post》, 2022. 4. 30.

26 Amelia Hassoun et al., 「Practicing Information Sensibility: How GenZ Engages with Online Information」, 《CHI '23》, 2023. 4., 8p.

27 김정현, 「[이루다가 남긴 것②]"○○아 나 있잖아"… 이루다, 누구에겐 '친구'였다」, 《뉴스1》, 2021. 1. 12.

28 https://caryn.ai/

29 한순천, 「'코어팬' 잡은 팬덤 플랫폼, 판 더 커진다」, 《서울경제》, 2023. 11. 9.

30 강신규, 「커뮤니케이션을 소비하는 팬덤: 아이돌 팬 플랫폼과 팬덤의 재구성」, 한국언론학회 《한국언론학보》, 2022. 10. (vol.66 Issue 5)

31 김지윤, 「맘카페 운영자가 본 커뮤니티 비즈니스의 본질」, 《아웃스탠딩》, 2024. 1. 9.

32 https://web.archive.org/web/20010126005200/http://www.microsoft.com/billgates/columns/1996essay/essay960103.asp

33 강한결, 「게임 과몰입, 대부분 1년 내 호전… 좀 더 논의 필요」, 《쿠키뉴스》, 2022. 7. 15.

5장 화면에 의존하며 살아도 될까

1 「Z세대 37.4%는 직접 숏폼 영상을 찍어본 경험이 있다고?」, 《캐릿》, 2023. 3. 21.
2 유튜브 채널 〈중앙일보〉
https://www.youtube.com/watch?v=M1RK3oi_UaM
3 김가현, 김지윤 외, 『틱톡, 숏폼으로 브랜딩하다』, 21세기북스, 2021. 8.
4 Yuwen Huang, 「2023년 2분기 스토어 인텔리전스 데이터 다이제스트」, 《센서타워》, 2023. 8.
5 유튜브 채널 〈옐언니〉
https://www.youtube.com/@sisteryell
6 https://brunch.co.kr/@ghidesigner/25
7 Gary Vaynerchuk, 「Why the tiktok (formerly musical.ly) app is so important」, 2019. 4. 16.
8 Josh Constine, 「'Content network effect' makes TikTok tough to copy」, 《Techcrunch》, 2020. 4. 2.
9 Brendan Bordelon, 「Biden and Congress want to ban TikTok. At this point it may be impossible.」, 《Politico》, 2023. 4. 16.
10 https://www.britannica.com/topic/emoticon
11 강연임, 「카카오톡 메신저의 소통 양상과 사회언어학적 특성」, 어문연구학회 《어문연구》, 2017 vol.92
12 Monica Chin, 「File not found」, 《The Verge》, 2021. 9. 22.
13 Mirko Ranieri, 「A new sense of direction with Live View」, 《Google Maps》, 2020. 10. 1.
14 Sarah Perez, 「Google exec suggests Instagram and TikTok are eating into Google's core products, Search and Maps」, 《TechCrunch》, 2022. 7. 13.
15 Laura Klusait, 「온라인 프라이버시 관련 대한민국 설문 조사 결과」, 《NordVPN》, 2022. 7. 28.
16 https://assetstore.unity.com/ko
17 정의민, 「유튜브 채널 사고팔아도 되는 건가요?」, 《아웃스탠딩》, 2023. 8. 30.
18 강정목, 「게임 아이템 가격, 법으로 얼마나 인정받을 수 있나?」, 《게임메카》, 2023. 6. 1.

19 Sander Lutz, 「Here We Go Again: Pet Rock JPEGs on Bitcoin, Ethereum Sell for Over $100K」, 《Decrypt》, 2023. 11. 11.
20 「가상화폐? 암호화폐? 가상자산!」, 《YTN》, 2023. 5. 29.
21 한재민, 「호랑이는 죽어서 가죽을 남기고, 사람은 죽어서 아이디를 남길까?」, 《대학신문》 2022. 9. 4.
22 김미희, 「게임 캐릭터를 자산으로 인정하는 판례가 늘고 있다」, 《게임메카》, 2020. 8. 20.
23 https://kr.cointelegraph.com/ethereum-for-beginners/who-is-vitalik-buterin
24 Kevin Maney, 「Why a Leading Venture Capitalist Is Betting on a Decentralized Internet」, 《Medium》, 2018. 9. 13.
25 https://www.businessresearchinsights.com/market-reports/vtuber-virtual-youtuber-market-109503
26 권혜미, 「톱 100 진입도 거뜬… 플레이브→이세계아이돌, 본체 있는 버추얼 아이돌의 상승세」, 《일간스포츠》, 2023. 12. 21.
27 Anna Birna Turner, 「Streaming as a Virtual Being : The Complex Relationship Between VTubers and Identity」, Malm University, 2022. 6. 5.
28 유튜브 채널 〈Bloc〉https://youtu.be/akceKOLtytw
29 이소현, 「AI로 만든 가짜 목소리·얼굴… 보이스피싱 더 치밀해진다」, 《이데일리》, 2024. 1. 19.
30 Megan Garber, 「The Trump AI Deepfakes Had an Unintended Side Effect」, 《The Atlantic》, 2023. 3. 24.
31 이진영, 「가짜가 판치는 세상 올해의 단어 'authentic'」, 《동아일보》, 2023. 11. 28.
32 Christopher Mims, 「Is Anything Still True? On the Internet, No One Knows Anymore」, 《The Wall Street Journal》, 2023. 11. 10.
33 Kevin Pocock, 「Can ChatGPT be detected by Turnitin? Turnitin AI detection explained」, 《PCguide》, 2024. 1. 16.
34 Melissa Heikkilarchive page, 「This new data poisoning tool lets artists fight back against generative AI」, 《MIT Technology Review》, 2023. 10. 23.
35 Sabrina Ortiz, 「Google's new tools help users verify the authenticity of images online faster」, 《ZDNet》, 2023. 10. 27.
36 Michael M. Grynbaum & Ryan Mac, 「The Times Sues OpenAI and Microsoft

Over A.I. Use of Copyrighted Work」, 《New York Times》, 2023. 12. 27.
37 Amelia Hassoun et al., 「Practicing Information Sensibility: How GenZ Engages with Online Information」, 《CHI '23》, 2023. 4., 8p.

6장 지속가능성을 위한 저항

1 https://app.leg.wa.gov/billsummary?BillNumber=1627&Year=2023
2 https://sharenting.sc.or.kr/home
3 Morgan Sung, 「How one teen is urging legislators in Washington state to help protect kids from being exploited on vlogs」, 《NBC》 2023. 2. 15.
4 Harry Robertson, 「Wall Street hopes young people will drive a metaverse boom but only 38% of Gen Zs think it's the next big thing」, 《Business Insider》 2021. 12. 8.
5 유튜브 채널 〈TEDx Talks〉
https://youtu.be/aqhzFd4NUPI
6 윤재영, 『디자인 트랩』, 김영사, 2022. 7.
7 https://www.netflix.com/kr/title/81254224
8 팀 우, 안진환 옮김, 『주목하지 않을 권리』, 알키, 2019. 7.
9 이새봄, 「아나운서 인플루언서의 1분은 얼마? 시간 사고파는 거래소 첫선」, 《매일경제》, 2022. 9. 21.
10 이세진, 「2024 '잘파세대'가 든다 신흥 소비 권력 잡는 3대 마케팅 전략」, 《더밀크》, 2023. 12. 6.
11 Zachary Crockett, 「Are advertisers going to infiltrate our dreams?」, 《The Hustle》, 2022. 3. 18.
12 Adam Gabbatt, 「Nightmare scenario: alarm as advertisers seek to plug into our dreams」, 《The Guardian》, 2021. 7. 5.
13 https://www.zippia.com/answers/how-many-ads-does-a-person-see-in-a-day/
14 Yashi Gupta, 「Dream hacking: How companies are planting ads into our subconscious」, 《CNBC TV18》, 2021. 12. 18.

15 「The BURGER KING Brand Creates a Halloween Sandwich Clinically Proven to Induce Nightmares」, 《Businesswire》, 2018. 10. 17.
16 Adam Haar Horowitz & Robert Stickgold & Antonio Zadra,「Inside your dreamscape」, 《Aeon》, 2021. 11. 19.
17 https://dxe.pubpub.org/pub/dreamadvertising/release/1
18 Sheena Vasani, 「In celebration of the dumb phone, a rare sanity-saving gadget」, 《The Verge》, 2023. 4. 8.
19 「US Feature Phone Market Stages Comeback as Gen Z, Millennials Advocate Digital Detox」, 《Counterpoint》, 2023. 8. 23.
20 유튜브 채널 〈the light phone〉
https://youtu.be/h81bLY3wQls
21 Hilary Andersson, 「Social media apps are 'deliberately' addictive to users」, 《BBC》, 2018. 7. 4.
22 Cheng Zheng, 「Research on the flow experience and social influences of users of short online videos. A case study of DouYin」, 《Nature》, 2023. 2. 27.
23 Kathleen Stansberry et al., 「Experts Optimistic About the Next 50 Years of Digital Life」, Pew Research Center, 2019. 10. 28.
24 에이미 웹, 채인택 옮김, 『빅 나인』, 토트출판사, 2019. 12.
25 심두보, 「샘 알트먼의 귀환, 오픈AI 이사회는 어떻게 바뀔까?」, 《딜사이트》, 2023. 11. 23.
26 Chloe Xiang, 「'He Would Still Be Here': Man Dies by Suicide After Talking with AI Chatbot, Widow Says」, 《Vice》, 2023. 03. 31.
27 김미정, 「'AI 윤리' 강조하더니 규모 줄인 빅테크」, 《지디넷코리아》 2023. 4. 3.
28 하민회, 「도파밍과 테크 디톡스」, 《뉴스핌》 2023. 11. 20.
29 Theodora Dame Adjin-Tettey, 「Can 'digital natives' be 'strangers' to digital technologies? An analytical reflection」, 《Inkanyiso》, 2020. 9. 1.
30 Kathleen Stansberry et al., 「Experts Optimistic About the Next 50 Years of Digital Life」, Pew Research Center, 2019. 10. 28.
31 박미희, 「코로나19 시대의 교육격차 실태와 교육의 과제: 경기 지역을 중심으로」, 한국교육사회학회, 《교육사회학연구》, 2020. vol.30 no.4.
32 「Future-Proof : Elevating the voice of Gen Z to shape the economies of

tomorrow」, Dell Technologies, 2023. 3.
33 길진세, 「'게이미피케이션은 유사 도박행위', 금융 앱에 대한 경고」, 《아웃스탠딩》, 2023. 1. 18.
34 Lucy Hayes et al., 「Gaming trading: how trading apps could be engaging consumers for the worse」, FCA, 2022. 11. 21.
35 Jos Picardo, 「Technology and the death of civilisation」, 《Medium》 2016. 1. 17.
36 Mark Molloy, 「The real story behind a viral Rembrandt 'kids on phones' photo」, 《Telegraph》 2016. 1. 16.
37 Gaby May David LaBar, 「Razorfish Study Finds 52% of Gen Z Gamers Feel More Like Themselves in the Metaverse than in Real Life」, 《Razorfish》 2022. 4.
38 이주현, 「게임·VR로 우울증 치매 고친다… 국산 '디지털 치료제' 속속 임상」, 《한국경제》, 2021. 7. 26.
39 Tom Huddleston Jr., 「'This is creating more loneliness': The metaverse could be a serious problem for kids, experts say」, 《CNBC》, 2022. 1. 31.
40 류부곤, 「메타버스(metaverse)에서의 형사정책적 과제 -이른바 '사이버 인격권' 개념과 침해유형의 정립」, 한국형사정책학회 《형사정책》, 2022 vol.34 no.2.
41 https://www2.deloitte.com/us/en/insights/industry/technology/emerging-regulations-in-the-metaverse.html
42 이동연, 「중독과 과몰입 사이」, 《한겨레21》, 2011. 1. 27.
43 성영신, 「몰입과 중독의 차이」, 《주간경향》, 2007. 12. 18.
44 김인호, 「게임 몰입과 게임 중독의 차이: 자기 효능감, 삶의 만족도, 대인관계문제 중심으로」, 가톨릭대학교 대학원, 심리학과 임상심리학 전공 석사학위 논문, 2018. 2.
45 Mihaly Csikszentmihalyi, 『Creativity: Flow and the Psychology of Discovery and Invention』, HarperCollins Publishers, 1997. 3., 124p.
46 애나 렘키, 김두완 옮김, 『도파민네이션』, 흐름출판, 2022. 3.
47 Alex Pena, 「Gen Z has lived their entire lives online. Some are fed up」, 《CBS》, 2022. 5. 5.

7장 나다움을 찾는 N세대를 위하여

1 홍경진, 「간호사의 노력-보상 불균형이 근무환경 만족과 건강에 미치는 영향」, 서울대학교 간호대학 간호학과 박사학위 논문, 2018. 8.

2 https://a16z.com/2023/06/06/ai-will-save-the-world/

3 이승철, 「3.9+5.1='9'일까? '9.0'일까?」, 《KBS》, 2017. 1. 5.

4 Keith G. Kozminski, 「The value of asking questions」, 《Mol Biol Cell》, 2013. 5. 15.

5 https://openai.com/research/gpt-4

6 「最新版AI「GPT−4」、日本の医師国家試験で「合格」…安楽死などでは不適切解答」, 《요미우리신문》 2023. 5. 10.

7 Amanda Mull, 「Fashion Has Abandoned Human Taste」, 《The Atlantic》, 2022. 6. 23.

8 Eric Brain, 「Shein Is the Most Popular Brand In the World」, 《Hypebeast》, 2022. 12. 7.

9 제임스 윌리엄스, 박세연 옮김, 『나의 빛을 가리지 말라』, 머스트리드북, 2022. 11.

10 유튜브 채널 〈KBS 레전드 케이팝〉
https://youtu.be/QRUlzUjJNY8

11 https://twitter.com/sama/status/1599471830255177728

12 Timnit Gebru & Margaret Mitchell et. al., 「On the Dangers of Stochastic Parrots: Can Language Models Be Too Big?」, 《FAccT '21》, 2021. 3.

13 https://www.linkedin.com/pulse/understanding-chatgpt-triumph-rhetoric-geoffrey-moore/

14 https://www.content-technologist.com/stochastic-parrots/

15 박건희, 「수학 올림피아드 AI '금메달리스트' 나올까: 딥마인드 '알파 기하학' 공개」, 《동아사이언스》, 2024. 1. 18.

16 유튜브 채널 〈서울대학교 Seoul National University〉https://youtu.be/6SW-TqPOonI

17 강이순, 「고등학생의 시험불안에 대한 비합리적 사고와 자기효능감의 영향에 관한 연구」, 아주대학교 교육대학원, 교육학 석사학위 논문, 2005. 6.

18 양희현, 「자기조정학습에서 '언어화'가 저성취 아동의 수학 학업성취도 및 자기효능감에 미치는 효과」, 제주대학교 교육대학원, 초등교육방법 전공 석사학위 논문, 2008. 8.

19 Tom Pohlmann & Neethi Mary Thomas, 「Relearning the Art of Asking

Questions」, 《Harvard Business Review》, 2015. 3. 27.
20 서수현 & 김소현, 「질문에 대한 중등학생의 인식 연구」, 우리말교육현장학회 《우리말교육현장연구》, 2021. Vol.15, no.1.
21 Victoria Masterson, 「Future of jobs 2023: These are the most in-demand skills now - and beyond」, 《World Economic Forum》, 2023. 3. 1.
22 Kyle Wiggers, 「What is Auto-GPT and why does it matter?」, 《TechCrunch》 2023. 4. 22.
23 Peter Tsai, 「The AI Generation Gap: Millennials Embrace AI, Boomers Are Skeptical」, 《PCMag》, 2023. 3. 30.
24 카트린 레퀴예, 김유경 옮김, 『경이감을 느끼는 아이로 키우기』, 사람의집, 2022. 10.
25 존 맥스웰, 박산호 옮김, 『어떻게 배울 것인가』, 비즈니스북스, 2014. 1.
26 Sohaib Shahid Bajwa & Xiaofeng Wang et al., 「Failures to be celebrated: an analysis of major pivotsof software startups」, 《Springer》, 2016. 10. 28.
27 유튜브 채널 〈EO 이오〉
https://youtu.be/d14cQHBtZc4
28 브로큰 에그, 「유튜브는 운 vs 실력? 한 달 만에 30만 찍기」, 《이오플래닛》, 2023. 12. 5.
29 유튜브 채널 〈드로우앤드류〉
https://youtu.be/HSyn3pTf_cE
30 유튜브 채널 〈디글 :Diggle〉
https://youtu.be/qFIG3ioRN6Y
31 유튜브 채널 〈EO 이오〉
https://lnkd.in/gQ3hJJ_y

에필로그

1 유튜브 채널 〈Tom Scott〉
https://youtu.be/7DKv5H5Frt0
2 유튜브 채널 〈The Game Theorists〉
https://youtu.be/8R1_TqU68yo

아이들의 화면 속에선
무슨 일이 벌어지고 있는가

중독과 저항, 새로운 정체성의 관문

발행일 2024년 2월 28일 초판 1쇄

지은이 김지윤
편집 박성열, 이옥란
디자인 박은정
인쇄 민언프린텍
제본 라정문화사

발행인 박성열
발행처 도서출판 사이드웨이
출판등록 2017년 4월 4일 제406-2017-000041호
주소 서울시 영등포구 당산동3가 522-2, 304호
전화 031)935-4027 팩스 031)935-4028
이메일 sideway.books@gmail.com

ISBN 979-11-91998-27-6 03300